Luiz Felipe d'Avila

REMANDO CONTRA A MARÉ

OS CONSTRUTORES DA DEMOCRACIA BRASILEIRA

Luiz Felipe d'Avila é cientista político e administrador público. Fundou a Editora d'Avila e foi responsável pela criação das revistas *República* e *Bravo!* É presidente do Centro de Liderança Pública (CCLP) e autor de vários livros.

1ª edição
São Paulo, 2015

© LUIZ FELIPE D'AVILA, 2015

COORDENAÇÃO EDITORIAL Lisabeth Bansi
ASSISTÊNCIA EDITORIAL Patrícia Capano Sanchez
PREPARAÇÃO DE TEXTO José Carlos de Castro
COORDENAÇÃO DE EDIÇÃO DE ARTE Camila Fiorenza
ILUSTRAÇÕES DE CAPA E MIOLO Romolo
DIAGRAMAÇÃO Isabela Jordani
COORDENAÇÃO DE REVISÃO Elaine C. del Nero
REVISÃO Andrea Ortiz
COORDENAÇÃO DE *BUREAU* Américo Jesus
PRÉ-IMPRESSÃO
COORDENAÇÃO DE PRODUÇÃO INDUSTRIAL Wilson Aparecido Troque
IMPRESSÃO E ACABAMENTO Corprint Gráfica e Editora Ltda.

Dados Internacionais de Catalogação na Publicação (CIP)
(Câmara Brasileira do Livro, SP, Brasil)

d'Avila, Luiz Felipe
  Remando contra a maré : os construtores da
democracia brasileira / Luiz Felipe d'Avila. --
São Paulo : Moderna, 2015.

ISBN: 978-85-16-09654-0

1. Brasil - História 2. Brasil - História -
República 3. Democracia 4. Ética 5. Liderança
política 6. Líderes I. Título.

14-12154   CDD-981.0581

Índices para catálogo sistemático:
1. Democracia : República : Brasil : História
981.0581

Reprodução proibida. Art.184 do Código Penal e Lei 9.610 de 19 de fevereiro de 1998.

Todos os direitos reservados

EDITORA MODERNA LTDA.
Rua Padre Adelino, 758 - Belenzinho
São Paulo - SP - Brasil - CEP 03303-904
Vendas e Atendimento: Tel. (11) 2790-1300
www.modernaliteratura.com.br
2015

Impresso no Brasil

"... é mais fácil viver na falsa procura do que na responsabilidade de encontrar."

Marcel Proust

Sumário

Introdução 7

1. José Bonifácio de Andrada e Silva 11
  O Patriarca da Independência e a criação do Estado brasileiro

2. Joaquim Nabuco 50
  O aristocrata abolicionista e o poder de mobilizar a sociedade em torno de mudanças transformadoras

3. D. Pedro II 84
  O rei-filósofo e a institucionalização do Estado de Direito, da liberdade de expressão e do governo constitucional

4. Prudente de Moraes, Campos Salles e Rodrigues Alves . 133
  O trio paulista na presidência da República: a importância da continuidade política para a institucionalização de mudanças

Bibliografia 182

Introdução

Liderança, valores, caráter e a construção das instituições democráticas do Brasil

A construção das instituições democráticas não é obra do acaso nem um ato voluntarista de líderes carismáticos. Ela deriva da atuação de governantes com coragem de enfrentar resistências políticas, econômicas e sociais que impedem a promoção das mudanças de cultura; ela é fruto da atuação de estadistas que demonstram determinação e paciência para educar a opinião pública e para conquistar o apoio da sociedade em torno das reformas estruturais do Estado; ela é obra de indivíduos que revelam, por meio de ações e escolhas, convicção profunda nos valores democráticos e princípios éticos.

Não basta medir a boa liderança apenas pela qualidade da gestão pública, pela eficácia administrativa do governo e pelo resultado das políticas públicas. A boa liderança compreende também um componente fundamental: a ética. A defesa incondicional de valores e de princípios, o exemplo da conduta pessoal e a habilidade de educar a opinião pública são atributos indispensáveis para assegurar a aprovação das leis e das reformas que garantem o florescimento da liberdade, a confiança nas leis e instituições e a credibilidade do Estado de Direito. Valores importam. Eles são vitais para criar uma visão inspiradora que desperte o senso de propósito, o sentido de urgência e a capacidade de mobilizar as pessoas em torno das prioridades do país. Um líder é, acima de tudo, um educador; uma pessoa que ajuda seus liderados a enfrentar as dificuldades, os riscos e os sacrifícios que toda mudança de cultura e institucionalização de processos exigem da sociedade.

Joseph Nye, professor de Harvard e um dos maiores estudiosos de liderança pública, criou um critério para mensurar o desempenho dos estadistas que serviu de inspiração para a seleção dos líderes políticos retratados neste livro. Segundo ele, os *objetivos*, os *meios* e as *consequências* das decisões dos governantes precisam ser avaliados do ponto de vista ético e de eficácia das políticas públicas. Ao analisar a eficácia dos *objetivos*, é necessário avaliar não só os resultados que se pretende atingir, como também avaliar os valores e as intenções que expressam a visão do líder. Do ponto de vista ético, os *meios* empregados pelo líder para atingir seus objetivos são tão importantes quanto o resultado de suas ações. A eficácia de suas medidas, as escolhas e decisões não podem se sobrepor aos valores éticos; os meios e os fins são igualmente fundamentais. Quanto ao critério de mensuração das *consequências* da ação política, Nye afirma que a boa política é aquela que beneficia não só os interesses imediatos de um grupo como também assegura ganhos para as pessoas que não pertencem ao grupo[1]. Em outras palavras, as mudanças transformadoras trazem benefícios não só para um grupo de cidadãos como também para todo o restante da sociedade. Os casos selecionados neste livro exemplificam esse ponto.

A luta de José Bonifácio para implementar a monarquia constitucional não beneficiou apenas D. Pedro I. Ela assegurou a unidade territorial brasileira, as liberdades cívicas e política e o surgimento da democracia no país. A cruzada de Joaquim Nabuco contra a escravidão não beneficiou apenas milhares de escravos que conquistaram a liberdade. Ela colaborou para romper o oligopólio do poder político dos

---

[1] NYE Jr, Joseph. *The Powers to Lead*. New York: Oxford University Press, 2008.

grandes proprietários de terra, pavimentou o caminho para o surgimento da indústria e para a retomada do crescimento econômico. A determinação de D. Pedro II de defender a liberdade, os valores democráticos e o Estado de Direito foi vital para evitar que o Brasil se tornasse uma coletânea de pequenas repúblicas, governadas por líderes autoritários, como ocorreu no restante da América Latina na segunda metade do século XIX. A coragem e perseverança dos três primeiros presidentes civis do Brasil – Prudente de Moraes, Campos Salles e Rodrigues Alves – foram determinantes para o enraizamento da democracia liberal, o saneamento das finanças públicas e a construção da paz diplomática e da resolução das disputas fronteiriças com os países sul-americanos.

Numa época na qual a discussão de valores parece ausente da vida pública, é importante resgatar o senso de que valores, princípios e caráter do estadista são fatores determinantes para o aprimoramento das instituições democráticas. Líderes sem caráter contribuem para o enfraquecimento da democracia, se deixam seduzir pela popularidade momentânea e são guiados pelo oportunismo, pela tentação imediatista e pelos ganhos de curto prazo. Esses falsos líderes são incapazes de correr os riscos políticos, de educar a opinião pública e de assumir o ônus da impopularidade para tomar as medidas corajosas que colaborem para o fortalecimento das instituições e a construção de um legado.

Há pontos em comum nas histórias dos estadistas aqui contadas: a preocupação com o fortalecimento das instituições democráticas; o impacto e a eficácia de suas ações; e o emprego dos meios éticos para atingir os fins políticos. A construção das instituições é obra de várias gerações de estadistas que, por meio das suas ações e escolhas, do seu exemplo e caráter, lutaram para promover mudanças transformadoras no Estado brasileiro. Ela advém da continuidade de políticas públicas, do aprimoramento das instituições, da previsibilidade das regras e do repúdio a governos que sufocam a liberdade e procuram sucumbir o Estado de Direito. A herança bendita que recebemos é fruto dos feitos e do legado desses líderes. Graças a eles, vivemos num país no qual reina a liberdade de expressão, o Estado de Direito, a alternância no poder por meio do voto livre e democrático, o respeito à propriedade privada e às regras da economia de mercado e instituições fortes capazes de coagir o voluntarismo populista de governantes oportunistas. Apenas 20% das nações do mundo gozam desse privilégio. O Brasil é uma delas.

Cabe a nós e às gerações futuras, a responsabilidade de continuar a zelar pelo bom funcionamento das instituições e de não deixar que a herança bendita que recebemos seja dilapidada por governos populistas e aventureiros que desejam transformar a democracia numa fachada, com o propósito de legitimar decisões personalistas. Os desafios do presente nos obrigam a rever crenças e atitudes que dificultam o avanço das reformas estruturais. Eles testam a nossa capacidade e determinação de eliminar costumes ultrapassados e práticas imorais que corroem a credibilidade das leis e das instituições. Eles nos levam a resgatar o senso de dever e de propósito para pressionar nossos governantes a renunciar aos impulsos do espírito imediatista e aos objetivos de curto prazo, que nos desviam dos sacrifícios que temos de enfrentar para garantir aos nossos filhos e netos um país estável, democrático e livre, no qual a solidez das instituições é a melhor garantia contra o surgimento de ditadores e de líderes populistas. Os desafios do presente são muitos e os perigos de retrocesso continuam a ameaçar a credibilidade e a eficácia das nossas instituições. Como dizia Winston Churchill, "o preço da liberdade é a eterna vigilância". Não podemos baixar a guarda nem abandonar a vigília.

1. José Bonifácio de Andrada e Silva

O Patriarca da Independência e a criação do Estado brasileiro

Políticos que costumam reclamar que quatro anos de mandato é muito pouco para promover mudanças transformadoras deveriam estudar a vida de José Bonifácio de Andrada e Silva. Em apenas dois anos no comando do primeiro governo de D. Pedro I, ele tornou-se protagonista da luta pela independência do Brasil, fundador da monarquia constitucional e responsável pela preservação da unidade territorial brasileira. Como estadista, liderou a luta contra os extremistas de ambos os lados do Atlântico. Enfrentou as Cortes (Parlamento) portuguesas e os demagogos brasileiros. As Cortes queria submeter a nação à antiga condição de colônia, após o Brasil ter sido alçado à condição de reino, em paridade com Portugal. Já os demagogos domésticos desejavam transformar o país numa república de líderes autoritários e populistas – como veio a ser o trágico destino do restante da América Latina. Graças à visão, coragem e determinação de José Bonifácio, o Brasil trilhou o caminho da construção do Estado de Direito, da monarquia constitucional, das instituições democráticas e da liberdade de expressão. Não é por outro motivo que lhe foi concedido o título de Patriarca da Independência.

Após 37 anos vivendo na Europa, José Bonifácio desembarcou no Brasil em 1819 com claro intuito de se aposentar. Era um senhor de 56 anos que trazia consigo a mulher, três filhas, seis mil livros e uma coleção impressionante de minerais – considerada uma das maiores e mais importantes do mundo. A bagagem de um homem diz muito sobre sua personalidade. A erudição, a curiosidade intelectual e os estudos sobre minerais o transformaram num intelectual renomado e abriram-lhe as portas do mundo político, cultural e social na Europa.

Seu batismo na vida pública em Portugal foi frustrante e irritante. José Bonifácio reclamava da incapacidade de decidir dos políticos, da incompetência dos subalternos, da ignorância e da má-fé dos administradores públicos. Enquanto a máquina governamental estivesse nas mãos de gente incompetente e preguiçosa, o país não seria capaz de promover mudanças transformadoras e implementar projetos inovadores, esbravejava José Bonifácio nas suas cartas para o líder do governo, D. Rodrigo de Sousa Coutinho. Seus projetos, tratados e recomendações demoravam muito tempo para sair do papel. Por isso, ele brigava com a burocracia, reclamava da preguiça dos funcionários públicos e da lentidão dos processos de decisão no governo. Ele sentia que trabalhar no governo era "tempo perdido e trabalho perdido". Mas, em 1807, sua frustração com a burocracia foi substituída pela adrenalina da guerra.

No fim daquele ano, Napoleão Bonaparte invadiu Portugal, e a família real portuguesa, juntamente com quase 20 mil membros da Corte, refugiou-se no Brasil no ano seguinte. José Bonifácio resolveu ficar em Portugal e lutar. Organizou o Corpo Voluntário Acadêmico em Coimbra, tornou-se encarregado da fabricação de munição para as tropas e chegou ao posto de comandante do Corpo Voluntário. Engajou-se nas batalhas e foi capaz de conquistar o forte de Santa Catarina Figueira da Foz. Mas, com a derrota de Napoleão em Waterloo, em 1812, e o fim das aventuras militares, José Bonifácio retornou às suas entediantes atividades burocráticas. O tédio e a frustração foram expressos em centenas de cartas e pedidos ao rei de Portugal, implorando-lhe para eximi-lo de suas funções administrativas e de permitir seu regresso ao Brasil. Foram quase dez anos até que um dia seu pedido foi aceito. Em 1819, José Bonifácio finalmente recebeu a autorização real para embarcar com a família para o Brasil.

Sua breve estadia no Rio de Janeiro causou-lhe um sentimento misto de encanto e repulsa. Por um lado, encantou-se com a melhoria da cidade, a frondosa beleza das florestas tropicais, a pujança econômica após a abertura dos portos brasileiros para o comércio internacional e com o livre debate de ideias nos jornais. Por outro lado, envergonhava-se do próspero tráfico de escravos e abominava o clima de intriga dos "puxa-sacos" na Corte de D. João VI.

Jose Bonifácio seguiu com a família para Santos, sua cidade natal, onde pretendia terminar seus dias organizando excursões científicas pelo sertão, cultivando seu sítio e dedicando o tempo à leitura e ao convívio da família, dos parentes e amigos. Mas sua aposentadoria durou apenas algumas semanas. Não tardou para ele organizar uma expedição científica com seu irmão Martim Francisco pelo interior de São Paulo. Sua viagem por cidades, vilas e fazendas paulistas reforçou sua determinação de combater a escravidão, inspirando-o a escrever inúmeros estudos e projetos que clamavam pelo fim do hediondo regime escravista no Brasil. O comércio de escravos o indignava. Grande parte da fortuna da sua família havia sido construída com o tráfico negreiro. Mas, para mostrar que sua indignação não ficava apenas no campo das ideias e do discurso, José Bonifácio aboliu a escravidão na sua propriedade e fez questão de mostrar que era possível ter lucro e ganho de produtividade cultivando o solo com mão de obra livre e remunerada.

A dramática mudança do clima político levaria José Bonifácio a abandonar definitivamente a vida tranquila em São Paulo, colocando-o no centro da luta política do país. Em 1820, eclodiu a Revolução Liberal em Portugal, demandando a criação de um governo constitucional. A esperança de se criar uma monarquia constitucional – como a britânica –, em que o Parlamento governa e o rei reina, animara os espíritos liberais de brasileiros e portugueses. Quando chegaram as primeiras notícias no Brasil sobre a Revolução Liberal e o decreto das Cortes convocando os brasileiros a eleger seus representantes para participar da Assembleia Constituinte em Lisboa, a euforia tomou conta do país. As eleições nas províncias brasileiras mesclavam o sentimento liberal com as rivalidades políticas locais, causando levantes populares na Bahia, em Pernambuco, no Maranhão e Pará. Em São Paulo, a revolta foi contida por José Bonifácio. Eleito deputado em maio de 1821, José Bonifácio tornou-se o principal líder da Câmara paulista. A insatisfação popular com o governo de João Carlos Oyenhausen e a revolta dos militares com o atraso do pagamento dos soldos somaram-se ao sentimento liberal que incendiou o país, resultando no levante popular contra o governo de São Paulo.

Pressionado pela população para assumir o comando do governo, José Bonifácio preferiu usar seu poder e sua influência para restabelecer a ordem e unir os paulistas em torno da formação de um governo liberal. Seu objetivo não era conquistar o poder, mas trabalhar para a preservação de um reino unido, regido por um único monarca, mas respeitando a autonomia política brasileira para se criar "um Brasil coeso, com um governo constitucional, com leis adequadas às circunstâncias de clima e desenvolvimento do país".[1]

Ao preservar o governo de Oyenhausen, José Bonifácio pretendia atingir dois objetivos políticos. Primeiro, mostrar que a revolta em São Paulo não era um ato de rebelião contra a Coroa, mas contra um

---

[1] D'AVILA, Luiz Felipe. *Dona Veridiana*. São Paulo: Girafa, 2004. p. 122.

governo incompetente. Segundo, provar que os paulistas poderiam unir conservadores e liberais em torno de um governo paulista. A paz e a ordem cívica haviam sido restauradas em São Paulo, mas no Rio de Janeiro o príncipe D. Pedro assumiu a regência após o retorno do rei D. João VI para Portugal, em abril de 1821.

O jovem príncipe demonstrou grande coragem ao enfrentar o levante militar no Rio de Janeiro e dissolver o conflito entre as tropas portuguesas e o povo. O príncipe marchou em direção à praça do Comércio, dispersou as tropas e anunciou que, enquanto fosse regente, respeitaria as liberdades individuais e o "sagrado direito à propriedade privada". Aproveitou a ocasião para anunciar uma medida de grande impacto popular: a redução de alguns impostos e taxas. Ao retornar ao palácio, D. Pedro escreveu ao pai para lhe dar as boas novas. Não se esqueceu de mencionar na carta que a ordem em São Paulo tinha voltado a reinar, graças à atuação política de José Bonifácio. O reconhecimento de D. Pedro transformou-se em profunda admiração por José Bonifácio quando as decisões insensatas das Cortes de Lisboa desencadearam uma profunda crise política entre Brasil e Portugal no fim de 1821.

No início de 1821, tanto o príncipe regente como José Bonifácio acreditavam que as Cortes promulgariam uma Constituição liberal. De fato, José Bonifácio concluíra em julho um documento memorável de recomendações e de instruções para os parlamentares paulistas que representariam a província na Cortes em Lisboa. *Lembranças e Apontamentos do Governo Provisório da Província de São Paulo para os seus Deputados* é um texto ímpar para compreender as aspirações, as condições essenciais e os desafios que precisavam ser enfrentados para que a integridade do Reino Unido de Portugal, Brasil e Algarves fosse preservada. *Lembranças e Apontamentos...* é um verdadeiro tratado de governo para o Brasil.

O capítulo sobre os "Negócios do Reino do Brasil" é o mais importante. Nele, José Bonifácio concebeu a construção das instituições políticas brasileiras, assim como estabeleceu as prioridades do país. O Brasil deveria ter um governo central, eleito pelo povo, mas o Poder Executivo estaria subordinado à regência (ao príncipe D. Pedro). As províncias estariam submetidas ao governo central, porém elas teriam governo próprio e certo grau de autonomia, que seria definida posteriormente pelo governo central. O Brasil precisaria criar os seus próprios códigos Civil e Criminal, que deveriam refletir a realidade e as circunstâncias específicas da nação.

Em seguida, há uma longa lista de prioridades que tinham de ser abordadas para assegurar a "prosperidade e conservação do Reino do Brasil". A catequização dos "índios bravos que vagueiam pelas matas", a emancipação gradual dos escravos, a criação de escolas primárias em "todas as cidades, vilas e freguesias consideráveis", e de ginásios e colégios nas províncias (ênfase especial no estudo das ciências), e faculdades de filosofia, matemática, ciências naturais, belas artes, medicina, direito e de "economia, fazenda e governo". A propriedade privada seria respeitada, mas os latifúndios improdutivos seriam confiscados pelo governo, que os lotearia e venderia as terras aos "europeus pobres, índios, mulatos e negros forros". Muito antes de o presidente Juscelino Kubitscheck conceber a criação de Brasília, José Bonifácio já havia recomendado a criação da sede do governo brasileiro numa cidade do "interior do Brasil que poderá ser na latitude mais ou menos de 15 graus em sítio sadio, ameno e fértil" –, local exato onde foi criada a cidade de Brasília.[2]

As Cortes, entretanto, não só ignoraram as recomendações de José Bonifácio como anunciaram a determinação de anular o estatuto de

---

[2] Ibid., p. 127.

reino do Brasil e transformá-lo novamente numa colônia submissa a Portugal. Ordenaram a extinção da regência no Brasil e o retorno imediato do príncipe D. Pedro à Europa. Os decretos do Parlamento português equivaliam a uma declaração de guerra ao Brasil. Eles sepultavam o fim da esperança da Constituição liberal, da monarquia constitucional e da construção do Reino Unido.

Quando a notícia da decisão das Cortes chegou ao Rio de Janeiro, em dezembro de 1821, a revolta e a indignação tomaram conta do país. Para José Bonifácio, os decretos parlamentares representavam o êxito dos demagogos sobre os moderados, a vitória da paixão sobre a razão, o triunfo da insensatez sobre os verdadeiros interesses do Estado. Nesses momentos de arrogância dos nacionalistas radicais, José Bonifácio se inflamava de indignação, como se fosse um vulcão em erupção. Despia-se de seu papel de velho sábio e deixava a fúria e o sentimento de revolta aflorarem com a intensidade de um jovem guerreiro. Nesses instantes, a política deixava de ser um embate de ideias e se tornava uma cruzada moral e pessoal contra os bárbaros e os infiéis que ameaçavam destruir a ordem, a paz, as leis e as instituições que sustentavam a pátria, o reino e a civilização.

A insensatez das Cortes de Lisboa transformou o sonho e o entusiasmo dos brasileiros com a ideia de uma Constituição liberal em revolta e frustração. Personificando a indignação da nação, José Bonifácio reagiu prontamente ao ultimato do Parlamento português. No dia 21 de dezembro foi à tribuna da Câmara paulista e fez um violento discurso contra as Cortes, acusando-as de querer fragmentar o Brasil, destruir a integridade nacional e transformar a nação numa coletânea de províncias independentes e subordinadas a Lisboa. São Paulo precisava mobilizar suas forças, unir-se ao príncipe regente e incitá-lo a descumprir os decretos das Cortes e a defender o Brasil. D. Pedro era a personificação do poder legítimo; um príncipe de sangue, da Casa Real de Bragança, ungido pela vontade da nação brasileira a resistir a cumprir as decisões insanas dos usurpadores que se apoderaram do Estado português e cujo intuito resumia-se em destruir o Brasil, o Reino Unido e a esperança de um governo constitucional.

A Câmara paulista incumbiu José Bonifácio de redigir o manifesto de repúdio às decisões das Cortes, conclamando o príncipe regente a defender o Brasil. Nesse documento, o velho Andrada convocava D. Pedro a liderar a revolta do Brasil contra os decretos de Lisboa: "Os paulistas são os primeiros que ousam levantar sua voz e protestar contra os atos inconstitucionais com que pretende iludir e escravizar um povo livre, cujo crime é haver dado demasiado crédito a vãs promessas e doces palavras". Mas a decisão mais ultrajante foi a ordenação do retorno imediato do príncipe para Portugal, "a medida mais impolítica que o espírito humano podia ditar... sua execução será o primeiro sinal da desunião e da discórdia, será o princípio das desgraças incalculáveis que têm de arruinar ambos os reinos". Chegou a hora de D. Pedro se desvencilhar do mando das Cortes e de assumir a liderança da luta pelos interesses do Brasil, "pois, de outra sorte, rios de sangue hão de inundar este belo país".[3]

D. Pedro recebeu com grande alegria o manifesto paulista. Estava sendo conclamado a defender o Brasil e a liderar uma nação pujante que ele tanto amava. Mandou imprimir o manifesto e distribuí-lo pelas ruas do Rio de Janeiro. A leitura do manifesto paulista incendiou os cariocas, que também apelaram para o príncipe desobedecer à decisão das Cortes e permanecer no Brasil e defender a nação. Pressionado entre o povo, que queria que ele ficasse, e os militares portugueses no Rio de Janeiro,

---

[3] BONIFÁCIO, José. Representação ao príncipe (1). In: CALDEIRA, Jorge (Org.), op. cit., p. 136.

para os quais o príncipe deveria cumprir a vontade soberana das Cortes e retornar a Portugal, D. Pedro optou pelo Brasil, no dia 9 de janeiro de 1822: "Como é para o bem de todos e felicidade geral da nação, diga ao povo que fico". O dia do "Fico" foi o primeiro ato de rebeldia do príncipe; era o início da sua trajetória como líder do movimento pela independência do Brasil.

No momento do "Fico", José Bonifácio estava a caminho do Rio de Janeiro, acompanhando uma delegação do governo paulista que trazia o apoio de São Paulo ao príncipe regente. D. Pedro estava ansioso para conhecer pessoalmente o grande Andrada. Mas, ao desembarcar no porto de Sepetiba, no dia 17 de janeiro, havia outra pessoa da família real que estava igualmente ansiosa para encontrar José Bonifácio. Tratava-se da princesa Leopoldina, esposa de D. Pedro. Ela estava na fazenda Santa Cruz (próxima ao porto), onde se refugiou para escapar da tensão política e militar que tomou conta do Rio de Janeiro após o dia do "Fico".

A jovem princesa o aguardava no porto. Assim que José Bonifácio desembarcou, ela foi ao seu encontro. A empatia entre os dois foi imediata. O velho Andrada encantou-se com a curiosidade intelectual, a vasta cultura e a perspicácia da jovem princesa, que se interessava por botânica, expedições científicas, política, arte, literatura e música. Leopoldina, por sua vez, encontrara alguém com quem podia conversar sobre plantas, ciências, política e filosofia – em alemão ou francês – com a desenvoltura, sabedoria, graça e cortesia que a lembravam da sua vida na corte austríaca, onde fora criada e educada numa atmosfera de grande efervescência cultural e artística. A cumplicidade entre a princesa e José Bonifácio foi vital nos momentos cruciais da luta pela independência.

Ao chegar ao Rio de Janeiro, à noite, D. Pedro nem sequer esperou José Bonifácio instalar-se, banhar-se e vestir-se para encontrá-lo. Pediu-lhe que se dirigisse imediatamente a seu encontro. Como de costume, mandou às favas a etiqueta, as convenções e as formalidades da Corte e recebeu José Bonifácio com o calor, o entusiasmo e a simpatia de um velho amigo. Em poucos minutos de conversa, o príncipe revelou a essência de um jovem de 23 anos, cuja energia, audácia e ambição mesclavam-se com o gosto por aventuras, mulheres e causas gloriosas. D. Pedro possuía a inteligência instintiva, a coragem e a determinação de um príncipe que se preocupava com as coisas certas e se indignava com as coisas erradas. Almejava, por exemplo, ser um príncipe liberal e constitucional e rechaçava o despotismo e os decretos das Cortes.

D. Pedro encantou-se com José Bonifácio. Apesar de seus quase 60 anos, ele possuía uma mistura curiosa de sabedoria e irreverência. Sua visão era clara e objetiva; sua fala, passional e sedutora. Sua linguagem, franca, direta e sem meias palavras. José Bonifácio não recorria às artimanhas e à adulação dos cortesãos, que expressavam suas opiniões com cuidado e eufemismos, por temerem perder favores, empregos ou a simpatia do monarca. Nesse primeiro encontro com o príncipe, José Bonifácio reiterou as consequências nefastas do cumprimento dos decretos das Cortes para o futuro do Brasil. Era necessário evitar a fragmentação do Brasil, estancar a onda de revoltas nas províncias e dar ao país um governo legítimo, constitucional e alicerçado no sistema monárquico.

José Bonifácio deixou claro o papel fundamental que caberia a D. Pedro desempenhar naquele momento: defender os interesses do Brasil, preservar a unidade territorial da nação e fundar um império sobre os pilares da monarquia constitucional. A única forma de salvar o Brasil – a joia da Coroa do Império luso – para a Casa de Bragança residia na coragem de lutar pela independência da pátria e se tornar o monarca de um jovem país, cuja pujança econômica e política o levaria a ocupar um lugar no panteão das grandes nações do mundo. Se aceitasse essa missão, concluiu José Bonifácio, contaria com seu apoio incondicional, com o respaldo dos paulistas e com a lealdade dos verdadeiros brasileiros.

A resposta de D. Pedro à missão da qual o líder paulista acabara de incumbi-lo foi clara. D. Pedro não só a aceitou como, no mesmo instante, nomeou José Bonifácio ministro do Reino e dos Estrangeiros, delegando-lhe a responsabilidade de organizar o primeiro governo do príncipe regente. A aliança do jovem monarca com o velho Andrada foi vital para superar os desafios e as ameaças do momento. José Bonifácio encontrou um governo falido. Quando D. João VI e sua corte voltaram para Portugal em 1821, levaram todo o dinheiro que se encontrava nos cofres públicos. Além da caótica situação financeira, as revoltas militares, comandadas por soldados e oficiais portugueses, tornaram-se ainda mais alarmantes no Rio de Janeiro. A decisão de D. Pedro de desafiar o governo português, permanecendo no Brasil, contribuiu para aumentar a tensão entre brasileiros e portugueses. Por fim, o clima de insegurança agravou-se dramaticamente após a extinção da regência no Brasil e a restauração do antigo regime colonial, no qual as províncias brasileiras deveriam responder diretamente ao governo de Portugal e não mais ao príncipe regente no Rio de Janeiro. Em outras palavras, nem as províncias nem o governo português tratavam D. Pedro como representante legítimo do governo brasileiro. De fato, a autoridade política do príncipe estava restrita às fronteiras do Rio de Janeiro.

Apesar de tantas adversidades, D. Pedro e José Bonifácio possuíam duas qualidades fundamentais para enfrentar a crise. A primeira era a coragem e a capacidade de mobilizar as pessoas que o príncipe revelara desde os primeiros instantes da luta pela independência. A segunda era a determinação do ministro paulista de eleger com objetividade e clareza as prioridades políticas do momento. Em *Lembranças e Apontamentos...*, José Bonifácio deixou claros os fundamentos políticos que balizariam a criação das instituições brasileiras. No epicentro, estava a monarquia constitucional, elemento crucial da preservação da unidade nacional e dos princípios liberais: Estado de Direito, divisão dos Poderes constitucionais, liberdade de expressão, liberdade econômica e respeito à propriedade privada.

Uma nação só pode prosperar se houver cidadãos livres. Por isso, a emancipação dos escravos, a catequese dos índios e a criação de um ensino público de boa qualidade compreendiam medidas imprescindíveis para a formação de um povo livre e de uma nação onde reinassem a ordem, a liberdade e as leis. A educação pública sempre lhe pareceu a melhor forma de integrar os índios e os escravos à sociedade. Sem educação pública de qualidade, o país seria dilacerado pelos demagogos, que destruiriam as instituições liberais e os governos constitucionais. Seria o fim do Brasil livre e independente.

Cargos políticos conferem autoridade, mas não asseguram poder ou liderança. Líderes exercem o poder quando são capazes de mobilizar as pessoas em torno de uma visão para atingir um objetivo comum. A autoridade e a legitimidade do novo governo seriam conquistadas por meio das decisões, atitudes e da capacidade de D. Pedro de angariar o apoio da sociedade para o projeto de nação que se ambicionava implementar. O primeiro ato político do governo liderado por José Bonifácio não poderia ter sido mais apropriado para ressaltar seu caráter nacional e independente. No dia 21 de janeiro, o governo decretou que nenhuma resolução proclamada pelas Cortes de Lisboa seria cumprida no Brasil sem a anuência prévia de D. Pedro. Em seguida, removeram boa parte das tropas portuguesas para Niterói. D. Pedro preservou um pequeno número de soldados no Rio de Janeiro e proibiu o desembarque de uma nova divisão militar portuguesa que havia sido enviada ao Brasil, em março de 1822. O contingente militar português tornou-se um elemento ameaçador da paz e da ordem interna.

Com a ordem assegurada no Rio de Janeiro, José Bonifácio começou as articulações políticas para garantir o apoio das demais províncias ao príncipe. No início, os apelos patrióticos de José Bonifácio aos governos provinciais não surtiram o efeito esperado. Os levantes políticos nas províncias representavam séria ameaça à unidade nacional. Rivalidades políticas e vinganças pessoais mesclavam-se a disputas legítimas pela criação de governos liberais e constitucionais, desencadeando uma série de revoltas, confrontos, perseguição e intimidação pelo país. Era preciso conter rapidamente as rebeliões regionais para salvar a unidade brasileira. Mas como atingir esse objetivo se o governo não possuía tropas, recursos ou apoio político da maioria das províncias? Só havia uma possibilidade de estancar os levantes: explorar o carisma de D. Pedro e usá-lo para conquistar o apoio e a estima das pessoas. Na ausência de instituições fortes, a legitimidade do governo tinha de ser conquistada por meio do exemplo e da conduta virtuosa do príncipe. Somente assim, D. Pedro seria reconhecido como líder da unidade nacional e da criação de um Estado liberal e constitucional.

Com essa ideia em mente, José Bonifácio incitou o príncipe a aceitar uma missão arriscada: ir a Minas Gerais para conquistar o apoio da província. A adesão dos mineiros, somada à dos paulistas e dos fluminenses, uniria as três principais províncias do país em torno de D. Pedro. Essa unidade garantiria ao príncipe a conquista da legitimidade e da relevância política para atrair outras províncias para sua esfera de influência. D. Pedro, que gostava de ideias ousadas e de projetos arrojados, adorou a proposta de José Bonifácio e aceitou-a com grande entusiasmo. Começava, então, a excursão do príncipe pelo Brasil.

Pela primeira vez, D. Pedro deixou o Rio de Janeiro para se aventurar numa excursão a cavalo pelo interior do país. Em abril de 1822, partiu para Minas Gerais numa viagem de grande risco pessoal e político. As tropas portuguesas poderiam aproveitar a ausência do príncipe na cidade para orquestrar um golpe fatal contra o governo interino de José Bonifácio. Havia também o risco de se planejar uma emboscada durante a viagem para capturar, prender e enviar o príncipe de volta a Portugal, cumprindo a determinação das Cortes. Já o risco político da viagem a Minas Gerais era de outra natureza. O temperamento passional e o espírito impulsivo de D. Pedro poderiam tragá-lo para as disputas políticas locais, levando-o a tomar partido e a apoiar uma das facções. Tal atitude contribuiria não só para acirrar as divisões políticas na província como também comprometeria o principal objetivo da viagem: manter Minas unida em torno do príncipe. Essa possibilidade não podia ser descartada, especialmente porque D. Pedro estava sozinho nessa missão, sem a companhia e os conselhos de José Bonifácio.

O ministro permaneceu no Rio de Janeiro. Na ausência de D. Pedro, ele havia sido investido de plenos poderes para chefiar o governo. Enquanto o príncipe cavalgava rumo a Minas, descobrindo o interior do Brasil, comendo "feijão e farinha de mandioca e dormindo sobre uma esteira com a mala a fazer de travesseiro",[4] José Bonifácio desmantelava complôs, revoltas e golpes que estavam sendo orquestrados no Rio de Janeiro. O episódio mais sério ocorreu no dia 18 de abril, data em que seria realizada a eleição para o Conselho dos Procuradores. A ocasião era perfeita para confabular, tramar e promover uma revolta. A eleição para o Conselho dos Procuradores seria o primeiro duelo entre liberais e conservadores, brasileiros e portugueses, respectivamente,

---

[4] SOUSA, Octávio Tarquínio, op. cit., p. 185.

para dominar a assembleia que havia sido imbuída de redigir a nova Constituição do país. Sem alarde, José Bonifácio desarmou as articulações revolucionárias, mandou prender vários suspeitos, neutralizou a ação de alguns ministros do governo que externavam simpatia pelos golpistas e assumiu, em parceria com o general Joaquim Xavier Curado, "governador das armas e da corte do Rio de Janeiro", a responsabilidade de ordenar a ação das tropas na cidade. O acirramento da disputa eleitoral entre liberais e conservadores havia atingido um grau de tamanha tensão e belicosidade que uma mera discussão de rua entre um soldado português e um comerciante brasileiro poderia gerar confrontos violentos na cidade. Preocupado com o grau de tensão política no Rio de Janeiro e com as possíveis consequências devastadoras para o governo, José Bonifácio resolveu postergar a data da eleição.

Em Minas Gerais, D. Pedro se saiu vitorioso. A adesão da província ao príncipe e ao projeto de nação por ele proposto foi seu primeiro grande trunfo político. A simpatia e o despojamento do monarca encantaram os mineiros; sua determinação e coragem de enfrentar os desafios políticos e as rivalidades locais revelaram a capacidade do príncipe de lidar com conflitos e de negociar acordos; sua destreza em mobilizar os mineiros e convidá-los a participar da tarefa de defender os princípios liberais e fundar um governo constitucional despertou o senso de união nacional nos mineiros. No seu pronunciamento de despedida, D. Pedro proclamou: "Confio tudo em vós; confiai em mim. Vós amais a liberdade, eu adoro-a".

Líderes personificam as aspirações e os valores que inspiram as pessoas a compartilhar uma visão comum e um senso de propósito; governos têm obrigação de institucionalizá-los. Líderes mobilizam e engajam as pessoas em torno de ideias e aspirações nacionais; governos convertem-nas em decisões políticas. Líderes definem o rumo;

governos traduzem-no em políticas públicas. Líderes procuram se tornar exemplo por meio dos princípios que defendem e das suas ações virtuosas; governos são reconhecidos por sua eficiência administrativa e pela eficácia de suas políticas. Líderes nos fazem olhar para o horizonte; governos são reconhecidos pelo resultado de suas ações. A aliança de D. Pedro e de José Bonifácio funcionou tão bem no momento crucial da nossa independência política porque ambos compreendiam o papel que cabia a cada um na construção da nação. D. Pedro admirava a capacidade de José Bonifácio em traduzir ideias e sua visão em ações de governo. José Bonifácio sabia que o carisma, a coragem e a determinação de D. Pedro eram vitais para mobilizar os brasileiros e evitar que as rivalidades políticas e as disputas locais dilacerassem a unidade nacional.

Pragmático, assertivo e objetivo, José Bonifácio resolvia os problemas administrativos e políticos que surgiam com destreza e competência. Mas, na política, a eficiência administrativa é tão importante quanto a capacidade de inspirar as pessoas, cultivar relacionamentos, forjar alianças e construir coalizões. José Bonifácio não possuía essas virtudes. Não suportava cortesãos, menosprezava gente medíocre e cultivava profundo horror e antipatia por aqueles que procuravam se aproximar do príncipe para conquistar favores, prestígio e influência. A política era um assunto demasiadamente importante e complexo para ser tratado por esses cortesãos. Nesse sentido, José Bonifácio era um homem do século XVIII, um iluminista que acreditava que os destinos do Estado deveriam ser conduzidos por uma aliança virtuosa entre o monarca e os governantes esclarecidos As decisões importantes do governo deveriam ser formuladas em conversas reservadas com o príncipe e não em assembleias em que interesses mesquinhos, vaidades pessoais e vontades particulares procuravam ditar a política de Estado.

Essa visão exclusivista, adicionada à irritação e à impaciência de José Bonifácio em lidar com cortesãos, despertou a ira, o ciúme e a animosidade de uma parcela importante de aliados de D. Pedro; pessoas influentes – como fazendeiros, comerciantes e senhores da terra – também desejavam participar, influir e contribuir na formulação da política de Estado. Queriam se engajar e sentir-se parte do grupo íntimo do príncipe que lutava pela independência da pátria.

Havia três grupos predominantes que cortejavam o príncipe. O primeiro era formado pelos liberais fluminenses que também defendiam a independência e a criação de um governo constitucional, mas que José Bonifácio tratava como um bando de demagogos e arruaceiros, que insuflavam perigosamente o povo. Havia também o grupo dos fazendeiros e dos traficantes de escravos, que apoiavam D. Pedro e a independência, mas que não gostavam da determinação de José Bonifácio de abolir a escravidão. Por fim, havia o Partido Português, composto de militares, comerciantes e cortesãos, que constituíam o grupo próximo do príncipe e que defendiam a ideia do reino unido, e que não pretendiam deixar o Brasil escapar do domínio da Coroa portuguesa. A influência do partido luso estava espelhada no primeiro ministério de D. Pedro. José Bonifácio era o único brasileiro num governo composto de portugueses.

Os embates e os conflitos de José Bonifácio com essas facções começaram de maneira velada, mas foram tomando corpo até se tornarem uma guerra aberta e trágica para o ministro do Reino e Estrangeiros. No início de 1822, D. Pedro costumava ir frequentemente à casa de José Bonifácio, no largo do Rossio, para conversar, aconselhar-se e despachar os assuntos de governo com seu ministro. Os adversários de José Bonifácio aproveitaram essa rotina do príncipe para espalhar o boato de que D. Pedro havia se tornado um mero ajudante de ordens do ministro do reino. Apesar das intrigas, a cumplicidade entre o príncipe e José Bonifácio foi um elemento vital para o êxito da luta pela independência.

Os três meses que antecederam a independência foram extremamente desafiadores. As revoltas provinciais continuaram a perturbar a paz. José Bonifácio despachou uma expedição militar para a Bahia e ficou profundamente preocupado com uma revolta em São Paulo, conhecida como a "bernarda de Francisco Ignácio"[5]. O levante paulista expulsou os partidários de José Bonifácio do governo provincial, inclusive Martim Francisco, irmão do ministro do reino. Graças ao prestígio e poder de José Bonifácio, D. Pedro nomeou Martim Francisco ministro da Fazenda, logo após ter sido deposto pela "bernarda" paulista.

José Bonifácio incumbiu seu irmão de fazer o que já havia realizado no governo de São Paulo: restaurar o equilíbrio das finanças públicas por meio de um austero controle das despesas públicas e de uma rigorosa e implacável cobrança de tributos devidos ao Estado. Martim Francisco repetiu o feito no governo de D. Pedro. Cortou gastos, aboliu sinecuras, imprimiu a eficácia administrativa que caracterizara sua atuação no governo paulista e promoveu uma rígida fiscalização na cobrança e no recolhimento de taxas e impostos. O cumprimento rigoroso da lei não tardou a gerar descontentamento e protestos de comerciantes, traficantes de escravos e de fazendeiros acostumados a não pagar suas dívidas com o erário. O rigor administrativo de Martim Francisco colaborou para o saneamento das finanças públicas, mas ajudou a aumentar a impopularidade dos Andradas no ministério.

No dia 3 de junho de 1822, o governo promulgou um decreto convocando a Constituinte brasileira. A decisão representava mais uma afronta à soberania das Cortes portuguesas. D. Pedro já havia alertado

---

[5] "Bernarda" era um termo usado para descrever uma revolta política onde se emprega o uso da força e das armas para tentar derrubar o governo.

D. João VI para a decisão numa carta que escrevera ao pai no dia 23 de maio: "É necessário que o Brasil tenha Cortes suas. Sem Cortes o Brasil não pode ser feliz. As leis feitas tão longe de nós por homens que não são brasileiros e que não conhecem as necessidades do Brasil não podem ser boas".[6] Portugal reagiu muito mal à notícia da Constituinte brasileira.

Em julho, chegou ao Rio de Janeiro a notícia de que seriam enviadas tropas ao Brasil para retomar o controle da nação, prender os rebeldes e deportar D. Pedro – o "desgraçado e miserável rapaz" – para Portugal. Esse decreto das Cortes contribuiu de maneira decisiva para sedimentar a unidade nacional. José Bonifácio reagiu prontamente à insolência do governo português. Aproximou-se dos liberais e proclamou que as tropas portuguesas que tentassem desembarcar no país seriam tratadas como inimigas da nação. No dia 6 de agosto redigiu o manifesto anunciando o rompimento formal dos laços do Brasil com Portugal.

O manifesto, assinado por D. Pedro, denunciava "a mesquinha política de Portugal, sempre faminto e tirânico" na exploração das riquezas do Brasil a fim de "manter o seu fictício esplendor". Apesar de todas as injustiças e brutalidades de Portugal, o Brasil acolheu generosamente D. João VI, a família real e os portugueses que buscaram refúgio. "E que ganhou o Brasil? A continuação de velhos abusos e o acréscimo de novos, introduzidos parte pela imperícia, parte pela imoralidade e parte pelo crime. Tais abusos clamavam por uma ampla reforma do governo." Em vez de reformas, as Cortes, "cegas de orgulho e arrastadas pela vingança e egoísmo", buscam escravizar o país, separar o Brasil de Portugal, extirpando da família real portuguesa sua mais valiosa porção. Como herdeiro do trono português e príncipe regente do Brasil,

---
[6] Ibid., p. 196.

D. Pedro vinha agindo como o legítimo defensor dos interesses do Brasil e de Portugal e apresentava as Cortes como usurpadoras do poder. "A minha firme resolução e a dos povos que governo estão legitimamente promulgadas. Espero que os governos e nações amigas do Brasil hajam de fazer justiça a tão justos sentimentos. Estarei pronto a receber os seus ministros e diplomatas e a enviar-lhes os meus enquanto durar o cativeiro d'El Rei, meu augusto pai."[7]

Imediatamente após a publicação do manifesto, José Bonifácio começou a pavimentar o caminho do reconhecimento diplomático da nação brasileira. Caldeira Brant foi enviado a Londres, Manoel Rodrigues Pessoa, a Paris e Luís Moutinho, a Washington. Era preciso assegurar o respaldo internacional para que o Brasil pudesse contar com o apoio (ou a neutralidade) das grandes potências no embate final com Portugal. O manifesto de 6 de agosto contribuiu substancialmente para acelerar o desfecho final. As Cortes reagiram ao manifesto com a insensatez costumeira de um governo que ainda acreditava ser possível voltar a colonizar e a escravizar o Brasil. O Parlamento português reagiu como se tivesse o poder e a determinação de impor sua vontade aos brasileiros. Ao determinar a anulação da Constituinte brasileira, desautorizar o príncipe e exigir a transferência imediata da sede do governo brasileiro para Lisboa, as Cortes aceleraram o rompimento definitivo entre Brasil e Portugal.

D. Pedro encontrava-se em São Paulo, onde fora enfrentar a revolta paulista com a mesma mistura de destreza política, encanto pessoal e firmeza de governante que pautou sua atuação política na viagem a Minas Gerais. O príncipe retornava de uma inspeção das fortalezas em Santos quando recebeu, às margens do riacho do Ipiranga, o oficial

---

[7] www.obrabonifacio.com.br/colecao/obra.1200ficha

militar Paulo Emílio Bregaro, que trazia mensagens urgentíssimas do Rio de Janeiro. A indignação e fúria de D. Pedro estavam estampadas no seu rosto ao conhecer os decretos das Cortes. Em seguida, leu a correspondência de José Bonifácio: "O dado está lançado e de Portugal não temos a esperar senão escravidão e horrores. Venha Vossa Alteza quanto antes e decida-se porque irresoluções e medidas d'água morna para nada servem e um momento perdido é uma desgraça". Era o empurrão final que D. Pedro necessitava para, ali mesmo, às margens do riacho do Ipiranga, desembainhar a espada e proclamar a independência do Brasil.

A proclamação da Independência, no dia 7 de setembro de 1822, encerra a fase romântica da conquista da liberdade e inaugura o período de consolidação das instituições políticas. Inicia-se a dura e árdua tarefa de enraizar o Estado de Direito, o governo constitucional, as liberdades individuais e de converter princípios e valores liberais em políticas de Estado. Esse trabalho exigia perseverança, constância e serenidade – atributos que não se encontravam no espírito e no coração de José Bonifácio e D. Pedro. Ambos eram audaciosos, corajosos, passionais e impacientes. No momento em que era preciso decantar as paixões e institucionalizar as conquistas políticas da Independência, o príncipe e o ministro começarem a se desentender.

Ao procurar expandir o leque de apoio ao governo, o agora D. Pedro I, imperador, aproximou-se do grupo dos liberais e de Gonçalves Ledo, um dos principais adversários de José Bonifácio. O imperador acreditava que era preciso engajar as principais lideranças políticas na construção do Brasil independente. Era preciso envolvê-las nos debates sobre a construção das instituições e lhes conceder espaço político para participar da formulação das políticas de Estado. Engajá-las no jogo político parecia-lhe a melhor forma de unir os diferentes grupos em torno de um projeto político para a nação e de desinflar as disputas partidárias que fomentavam as revoltas locais e os dissensos políticos nas províncias.

José Bonifácio considerava temerária a estratégia do monarca. Parecia-lhe um movimento perigoso à estabilidade política. Era preciso organizar o Estado antes de permitir o livre embate dos partidos pelo poder. A influência nefasta dos oportunistas e dos demagogos no jogo político antes da consolidação da unidade nacional, da elaboração da Constituição e do reconhecimento internacional do Império representava um enorme risco à soberania do país. Em vez de fortalecer a unidade nacional, a estratégia de D. Pedro I dificultaria a busca do consenso político. As vaidades pessoais, os interesses locais e as disputas por cargos e influência junto ao príncipe drenariam o esforço e o foco necessários para estabelecer o arcabouço político e institucional que balizariam a organização do Estado e as regras do embate político-partidário.

A atuação de Gonçalves Ledo, logo após a independência, provou que os temores de José Bonifácio tinham fundamento. Ledo não perdeu tempo em aproveitar a abertura de D. Pedro I para se aproximar do imperador e minar o poder de José Bonifácio. Aconselhou o jovem monarca a cancelar o processo contra os paulistas rebeldes que participaram da "bernarda" (que eram amigos de Ledo e inimigos de José Bonifácio). Procurou convencer D. Pedro I a jurar previamente a Constituição a ser elaborada pela Assembleia Constituinte, como prova do seu compromisso em criar uma monarquia constitucional. Ledo também usou sua influência na maçonaria para criar uma trincheira de opositores ao ministro do reino e insuflou os jornais liberais a atacar as políticas de José Bonifácio.

Apesar das intrigas e maquinações de Ledo e dos liberais, José Bonifácio venceu todas essas disputas. Manteve o processo judicial contra os paulistas rebeldes, dissuadiu o príncipe de jurar previamente a Constituição e conseguiu fechar temporariamente a maçonaria. Mas, quando D. Pedro I decidiu reabri-la no dia 27 de outubro, José Bonifácio interpretou o ato como uma afronta à sua autoridade. No mesmo dia, apresentou sua carta de renúncia; Martim Francisco seguiu o exemplo do irmão e também renunciou ao cargo de ministro da Fazenda. D. Pedro I não esperava tal reação. Foi duas vezes à casa de José Bonifácio e pediu-lhe que reconsiderasse. Numa dessas visitas, levou consigo a imperatriz Leopoldina. De nada adiantou. No dia seguinte, D. Pedro I retornou à casa de José Bonifácio para se aconselhar sobre nomes que deveriam compor o novo ministério. D. Pedro acatou todas as sugestões.

O novo gabinete durou apenas quatro dias. Os aliados de José Bonifácio organizaram um movimento que tomou conta das ruas do Rio de Janeiro. No dia 30 de outubro, os partidários de Ledo quase foram agredidos no Parlamento. José Clemente, presidente do Senado e aliado de Ledo, não conseguiu sequer terminar seu discurso. Os protestos e insultos levaram-no a deixar o Parlamento e se refugiar até os ânimos se acalmarem. Na mesma sessão em que atacaram José Clemente, os parlamentares aprovaram uma moção exigindo a volta dos Andradas ao governo. D. Pedro I aproveitou a manifestação popular e dirigiu-se a galope ao encontro de José Bonifácio para lhe pedir que voltasse ao governo.

O retorno de José Bonifácio ao poder revelou o melhor do estadista e o pior do homem. No âmbito da política, trabalhou resolutamente para aplacar as revoltas provinciais que ainda eclodiam por causa de disputas políticas locais. Criou a marinha brasileira e nomeou para comandá-la lorde Cochrane, um inglês "ávido de dinheiro e sem escrúpulos... mas um grande marinheiro que não temia aventuras e riscos", como o próprio José Bonifácio o descreveu. Instou seu irmão Martim

Francisco a continuar a árdua tarefa de equilibrar o orçamento da nação, contrariando interesses que ameaçavam aprofundar o déficit público. No campo diplomático, buscou o respaldo dos Estados Unidos, da Inglaterra e da França para assegurar o reconhecimento da Independência do Brasil. Pressionou o imperador a abolir a escravidão, reafirmando que tal ato magnânimo aceleraria o processo de reconhecimento diplomático do Brasil.

Por sua vez, José Bonifácio cedeu à pressão dos liberais e acabou apoiando a convocação da Assembleia Constituinte. Suspeitava que ela seria dominada pelo "espírito demagógico". Na visão de José Bonifácio, se há palanque, há demagogia. O desejo de ser popular é mais forte do que a necessidade de ser sábio e justo. Para ele, a lucidez política se perde nos discursos para a plateia, que inflamam os ânimos e suscitam aplausos e "vivas". Portanto, o ministro do reino não nutria muitas esperanças em relação à criação de uma boa Constituição que emanasse de uma assembleia popular. Aliás, temia que ela se tornasse uma trincheira da oposição contra o governo.

A Assembleia Constituinte não era a única fonte de preocupação de José Bonifácio. Sua dificuldade em lidar com adversários políticos tornou-se paranoica. Enxergava em cada opositor um inimigo mortal dos seus planos de edificar um Brasil unido e monárquico. Assim que reassumiu o poder, agiu como um furioso Robespierre, o líder do terror da França revolucionária. Mandou prender, exilar e deportar os principais líderes da oposição, voltou a fechar a maçonaria (antro dos liberais comandados por Ledo) e perseguiu jornais da oposição. A abominável devassa de José Bonifácio revelou seu lado sinistro e inseguro de lidar com as divergências e as adversidades do jogo político no momento em que se pretendia edificar uma monarquia constitucional, fortalecer o Estado de Direito e as liberdades individuais.

A natureza tempestiva de José Bonifácio era conhecida, mas ela não havia até então extravasado para a política de governo. Limitava-se a rompantes de fúria, cartas desaforadas e protestos malcriados. É difícil entender por que agiu contra seus princípios e valores. Mas há duas pistas que devem ser investigadas. A primeira é o episódio do seu pedido de demissão. Rompeu-se ali o elo de confiança que o unira a D. Pedro nos momentos críticos da luta pela independência. A decisão de D. Pedro I de revogar a ordem do seu ministro em relação ao fechamento da maçonaria não era apenas uma divergência entre eles. Era, acima de tudo, um ato de independência política do monarca. O jovem imperador, cioso de sua majestade e autonomia política, procurou arbitrar – pela primeira vez – as rivalidades e as disputas políticas entre conservadores e liberais, aliados e inimigos de José Bonifácio. Orgulhoso dos seus princípios e feitos políticos, o ministro preferiu renunciar ao cargo e evitar a humilhação de se tornar uma simples peça no tabuleiro político do imperador. Quando voltou ao poder, José Bonifácio recebeu o apoio incondicional de D. Pedro I, mas sabia que tal respaldo seria temporário. Aproveitou o momento que lhe era favorável para quebrar a espinha dorsal da oposição, eliminando os seus principais adversários, que, na sua visão, colocavam em risco a unidade do país e a criação de um regime político capaz de assegurar a ordem, as leis e a liberdade.

Mas o que teria levado D. Pedro I a exercer sua "autonomia política" e a romper o elo com José Bonifácio? A resposta pode estar na segunda pista da nossa investigação. A entrada em cena de uma poderosa adversária política de José Bonifácio: Domitila de Castro, futura marquesa de Santos, amante do imperador. Após um fulminante caso amoroso com D. Pedro em São Paulo, durante a histórica semana de 7 de setembro, Domitila mudou-se para o Rio de Janeiro, atendendo aos pedidos insistentes do príncipe. José Bonifácio e Domitila cultivavam uma animosidade mútua. Ele a considerava uma aventureira perigosa, que flertava com seus adversários políticos. Ela acreditava que José Bonifácio exercia uma influência nefasta e dominadora sobre o imperador, transformando-o num cavalo de batalha dos seus interesses políticos. Domitila queria expandir o leque de opções políticas do imperador, por isso se aproximava dos adversários de José Bonifácio, usando Ledo e os liberais para contrabalançar o peso e a influência dos Andradas no governo. José Bonifácio acreditava que o caso com Domitila ameaçava a monarquia. A relação de D. Pedro I com a amante tornou-se escandalosa, o que afetava não só a imagem e reputação do monarca como causava profunda consternação à imperatriz Leopoldina, por quem o ministro cultivava grande respeito, estima e admiração.

A crescente influência de Domitila e o afastamento gradual de D. Pedro I da esfera de influência de José Bonifácio devem ter contribuído para acirrar os temores e as suspeitas que o ministro do reino nutria por seus adversários. José Bonifácio não os tratava como adversários políticos, mas como inimigos da nação. A Assembleia Constituinte queria subjugar o imperador e transformá-lo num monarca refém do Parlamento; os poderosos comerciantes de escravos e os fazendeiros trabalhavam para minar sua proposta de acabar com a escravidão no Brasil, e, agora, Domitila de Castro, instalada na Corte e na cama do imperador, devia sussurrar conselhos e palavras de fel contra ele. José Bonifácio sentia que o tempo urgia e que em breve o imperador poderia ter outro rompante e demiti-lo antes do término da institucionalização do Estado brasileiro. Quando a visão do estadista está divorciada dos princípios morais, ela tende a se perder no emaranhado de suspeitas, preconceitos e crenças que poluem o julgamento imparcial do contexto político. É nesse momento que as paixões ditam as ações de que nos arrependemos amargamente. Ao agir como um tirano vingativo, José Bonifácio permitiu ao vício triunfar sobre a virtude.

Alguns dos temores de José Bonifácio provaram ter fundamento. A relação pessoal com D. Pedro I nunca mais voltou a ser como antes; a falta de união do ministro do reino com o imperador comprometeu a condução da política de Estado. A fissura na relação entre o imperador e o ministro foi paulatinamente alargada por intrigas, desgastes e discórdias, fomentadas pelos adversários de José Bonifácio. Era possível tolerar a nomeação de um adversário político para o governo, lidar com as intrigas de Domitila e observar o imperador deixar-se seduzir pela adulação dos áulicos sedentos de poder e de favores governamentais. Mas, para José Bonifácio, era inaceitável não contar com o apoio incondicional de D. Pedro I para as questões vitais de Estado. Uma delas foi a falta de empenho e determinação do monarca para fazer avançar dois temas que lhe eram muito caros: a extinção do tráfico de escravos e a abolição da escravidão. O ministro insistia na ideia de que o Brasil deveria inaugurar um novo capítulo da sua independência política, sepultando a ignomínia do comércio negreiro e da escravidão. D. Pedro preferiu deixar-se cortejar pelos comerciantes de escravos e fazendeiros, evitando comprar uma briga que lhe parecia politicamente custosa e demasiadamente andradista. Assim como um convidado educado que sabe que chegou a hora de se despedir do anfitrião, José Bonifácio preferiu pedir demissão do cargo.

Em julho de 1823, ele deixou o ministério e disse que nunca mais aceitaria um cargo governamental. Estava cansado das intrigas palacianas, das hesitações do monarca e de seu temperamento voluntarioso, que se agravou com a crescente influência de Domitila de Castro e dos cortesãos que o adulavam. No diário íntimo de José Bonifácio há uma frase de um poeta persa que descreve perfeitamente seu sentimento:

"Ninguém deve contar nem com a amizade de um rei, nem de uma criança, porque aquele muda com a mais leve suspeita, e esta, de um momento para o outro".

José Bonifácio planejava voltar para seu sítio em Santos, onde pretendia passar o restante dos seus dias usufruindo da companhia da família, dos amigos e dos livros. Pretendia dedicar-se aos estudos, escrever artigos científicos e finalmente desfrutar da paz e da tranquilidade que ele tanto almejava desde seu retorno ao Brasil. Mas, antes de realizar o sonho da aposentadoria merecida, resolveu alongar sua estada no Rio de Janeiro por alguns meses. Essa decisão mudou radicalmente, mais uma vez, o curso da sua vida.

A política prendeu José Bonifácio no Rio de Janeiro. Ele havia deixado o governo, mas continuava a ser um estadista que se preocupava com o destino da nação. Naquele instante, o futuro do país estava sendo debatido. Transformado em Assembleia Constituinte, o Parlamento tinha em mãos uma missão muito importante e delicada: redigir a Constituição do Império brasileiro. José Bonifácio não havia mudado de ideia. Continuava a acreditar que a tribuna parlamentar não era um bom lugar para discutir assuntos que exigem reflexão, moderação e equilíbrio, como era o caso da redação da Constituição. Temia que o debate sobre os temas constitucionais se mesclasse com os assuntos parlamentares, acirrando os ânimos políticos, o fervor demagógico e as divergências partidárias, que nada contribuiriam para a redação de um texto constitucional sensato e democrático. Conhecendo bem a personalidade do imperador, José Bonifácio sabia que D. Pedro I se recusaria a aceitar uma Constituição que o transformasse numa figura decorativa, submisso à vontade absoluta do Parlamento. Quando o imperador inaugurou os trabalhos da Assembleia Constituinte, em 3 de maio de 1822, ele conclamou os parlamentares a redigir uma Constituição "justa, adequada e executável", mas deixou claro que não aceitaria uma Constituição que fosse indigna de ser cumprida e respeitada: "Espero que a Constituição que façais mereça minha imperial aceitação".

Eleito deputado por São Paulo, José Bonifácio resolveu assumir seu mandato no Parlamento e liderar o debate constitucional. Pretendia agir como o verdadeiro guardião das instituições, ora moderando o tom dos debates para eliminar o radicalismo de algumas propostas, ora insuflando a Assembleia a adotar medidas corajosas que eram fundamentais para o país. Juntamente com seu irmão Antônio Carlos, ele tornou-se o líder incontestado da Assembleia Constituinte. Queria deixar como legado uma Constituição que assegurasse a ordem, as liberdades individuais, os princípios da monarquia constitucional e que evitasse concentrar poderes absolutos nas mãos do Parlamento ou do imperador. José Bonifácio detestava as tiranias, fossem elas republicanas ou monárquicas. A Constituição asseguraria a ordem, as leis e a liberdade, definidas por Benjamin Constant como "o triunfo do indivíduo sobre a autoridade que deseja governar pelo despotismo quanto sobre as massas que exigem o direito de submeter a minoria à maioria".[8]

A grande frustração de José Bonifácio na Assembleia Constituinte foi não ter persuadido seus pares a abolir a escravidão. O velho Andrada percebeu como era difícil mudar as crenças e as atitudes de um povo que dependia do trabalho escravo. Não seria por meio das ideias iluministas de José Bonifácio e de artigos constitucionais que o Brasil acabaria com a escravidão. Mudanças culturais requerem um longo e gradual esforço da sociedade para rever valores e crenças arcaicas. Seriam necessários mais 66 anos de embates políticos, discussões partidárias e debates nas ruas e na imprensa para que os abolicionistas conseguissem aprovar a

---

[8] HOLANDA, Sérgio Buarque de. *História geral da civilização brasileira*. Rio de Janeiro: Bertrand Brasil, 2004. t. 2 (O Brasil monárquico). v. 2. p. 185.

Lei Áurea, em 1888, sepultando definitivamente a escravidão no país.

José Bonifácio tampouco conseguiu conter as desavenças entre o Parlamento e o governo. A dissensão aumentou com a falta de um interlocutor capaz de diminuir os desentendimentos entre o imperador e a Assembleia Constituinte. A tensão política agravou-se quando o partido antiandradista ocupou o espaço político deixado por José Bonifácio. O poder pessoal de D. Pedro I crescia à medida que ele se cercava de ministros fracos e cordatos, de cortesãos e de cortesãs que disputavam favores e amores do imperador e dos oficiais portugueses que ingressaram no Exército brasileiro.

Entrincheirados na Assembleia Constituinte, os irmãos Andrada destacavam-se nos debates no Parlamento. A oratória eletrizante de Antônio Carlos, a atuação política de Martim Francisco e a liderança de José Bonifácio tornaram-se símbolo das aspirações dos "brasileiros", enquanto D. Pedro I e a Corte representavam o interesse dos "portugueses". A disputa entre "brasileiros" e "portugueses" era travada no Parlamento, nos partidos, nos jornais, nos cafés, nos clubes e nas agremiações. Os "brasileiros" eram acusados de radicais, nativistas, republicanos e liberais; os "portugueses" eram considerados antipatriotas, entreguistas, conservadores e inimigos da nação.

Não tardou para um oficial português sentir-se ofendido por um artigo de jornal e reunir um grupo de soldados para dar uma surra no autor do texto. Os militares confundiram o jornalista com um pobre farmacêutico, que, após uma surra imerecida, dirigiu-se ensanguentado até o jornal para denunciar os soldados que o espancaram. David Pamplona, o farmacêutico ferido, tornou-se o símbolo vivo da prepotência e da arbitrariedade do Partido Português. Os ataques ao governo nos jornais e no Parlamento tomaram grande dimensão, e o imperador foi obrigado a demitir o ministério. Mas a pressão popular não diminuiu.

D. Pedro I resolveu reagir como fizera em 1821, quando enfrentou os soldados rebeldes e salvou sua regência de um golpe militar. O imperador mandou os militares cercarem o Parlamento e fecharem a Assembleia Constituinte em 11 de setembro de 1823. A incompreensão do contexto é um dos principais fatores que levam governantes a cometer erros crassos de diagnóstico e de ação política. O contexto de 1823 não se assemelhava em nada ao de 1821. Em primeiro lugar, o Parlamento não era um grupo de soldados rebeldes portugueses, mas representantes legítimos dos cidadãos brasileiros. Em segundo lugar, o Parlamento contava com o apoio do povo, enquanto os soldados portugueses eram hostilizados. Em terceiro lugar, D. Pedro I acreditava que, silenciando o Parlamento e prometendo dar ao país uma "Constituição duplicadamente liberal", conseguiria angariar o apoio popular em torno do seu governo. Esqueceu que um país onde reina a liberdade, ela está presente não só no Parlamento como também nas ruas, nos jornais, nos teatros, nos partidos e nos cafés. Era preciso calar todas essas vozes, o que só poderia ser feito se resolvesse tornar-se ditador. Por sua vez, D. Pedro I queria governar a nação com o apoio do povo e ser reconhecido como um monarca que defendia a liberdade e a ordem. Essa ambiguidade lhe custaria o trono, como José Bonifácio o havia alertado por meio de uma carta logo após a dissolução da Assembleia Constituinte. O ex-ministro aconselhava o imperador a salvar o trono para os seus descendentes, porque ele já o havia perdido.[9]

Mas, naquele novembro de 1823, quem havia perdido tudo foram José Bonifácio e seus irmãos. Líderes da Assembleia Constituinte e da oposição aos "portugueses", os Andradas foram presos. Ao ser recebido no arsenal da Marinha sob vaias dos militares, José Bonifácio disse

---
[9] SOUSA, Octávio Tarquínio, op. cit., p. 285.

aos outros parlamentares que o acompanharam no cárcere: "Hoje é o dia dos moleques!".[10] Mas o ex-ministro não poderia imaginar que sua prisão era apenas o início de um longo exílio político. José Bonifácio acreditava que permaneceria preso por algumas semanas até desanuviar o clima de tensão e confronto entre o governo e o Parlamento. Mas os adversários políticos de José Bonifácio que estavam no poder não perderam a chance de destruí-lo. Primeiro, transferiram-no do Arsenal da Marinha para a fortaleza de Laje e o puseram numa cela imunda e úmida por quase uma semana. Em seguida, em 20 de novembro, José Bonifácio recebeu a notícia de que o governo o havia exilado e que deveria partir imediatamente com sua família para a Europa. Assim, o Patriarca da Independência, o verdadeiro fundador da monarquia constitucional, o Patriarca da Independência do Brasil, foi forçado a embarcar de volta à França. Assim que deixou o país, teve início uma devassa judicial para apurar os "crimes" que ele havia cometido quando governara o Brasil.

José Bonifácio exilou-se em Talence, na França, e permaneceu na Europa até 1829. Nesse período, seguiu com angústia e apreensão, que aumentavam com a distância, os eventos políticos no Brasil: a promulgação da Constituição em 1824; o reconhecimento da independência brasileira por Portugal em 1826, e a revolta das províncias do Nordeste, que culminou com a destruição do movimento emancipacionista da Confederação do Equador. Houve também a fatídica Guerra da Cisplatina, que levou à criação do Uruguai, à perda de mais de 8 mil soldados brasileiros e ao surgimento de um tremendo prejuízo para os cofres públicos, que gerou a primeira grande crise financeira do Império. A Guerra da Cisplatina, somada à morte da imperatriz Leopoldina e

---

[10] Ibid., p. 285.

à maneira escandalosa como D. Pedro I se comportava com sua amante – transformando-a em marquesa de Santos –, contribuiu para sua crescente impopularidade.

Pessoalmente, a única boa notícia para o imperador foi seu casamento com dona Amélia de Leuchtenberg, uma princesa de 17 anos, cuja beleza o cativou desde o primeiro instante em que a viu assim que ela chegou ao Brasil. A felicidade do imperador com o casamento resolveu dois problemas. Trouxe-lhe estabilidade emocional e encerrou definitivamente o longo romance com a marquesa de Santos, que foi obrigada a deixar a Corte e retornar a São Paulo. Outra boa notícia foi a volta de José Bonifácio ao Brasil. Apesar do exílio, das perseguições políticas, das devassas judiciais para humilhá-lo, José Bonifácio reagia com a magnanimidade dos estadistas. Compreendia que D. Pedro I deixara-se seduzir por cortesãos e políticos que detestavam os Andradas. O próprio José Bonifácio deve ter reconhecido que parte do ódio dos seus adversários advinha da maneira implacável como ele e seus irmãos os combateram quando estiveram no governo. Nada como o sofrimento, a distância do exílio e a franqueza de enfrentar os nossos próprios erros, defeitos e atos injustos para fazer brotar o perdão.

D. Pedro I também deve ter feito seu exame de consciência. O imperador permitira que seu amigo e fiel aliado desde os primeiros instantes da luta pela independência fosse dilacerado por cortesãos e políticos oportunistas, que queriam vingar-se de José Bonifácio e destruí-lo moral e politicamente. A sensação de culpa e de arrependimento deve ter aumentado conforme sua impopularidade crescia e seus cortesãos o deserdavam. No início de 1829, a solidão do poder e o peso da impopularidade o levaram a lembrar-se da época em que podia confiar na sinceridade das opiniões, na visão de Estado, na coragem de governar e na lealdade pessoal de José Bonifácio. O imperador sentia falta do seu velho amigo e do estadista. Assim, apesar das resistências políticas, D. Pedro I decretou o fim do exílio do seu ex-ministro e permitiu que ele retornasse ao Brasil.

José Bonifácio desembarcou no Rio de Janeiro em julho de 1829 e foi imediatamente recebido por D. Pedro I. O imperador não escondeu a alegria de reencontrá-lo. Estava ansioso para vê-lo, relatar-lhe a situação política e ouvir seus conselhos. Queria também lhe apresentar a nova imperatriz, dona Amélia, que, além de encantadora, passou a ocupar o lugar da grande adversária política de José Bonifácio na Corte, a marquesa de Santos. A cumplicidade do velho Andrada com a jovem imperatriz foi imediata e José Bonifácio logo percebeu que dona Amélia teria um importante papel a desempenhar naquele momento crítico. Ao reunir-se com o casal imperial, "José Bonifácio não perdeu tempo em lisonjas, expôs seu modo de pensar sobre a situação do país e pediu a dona Amélia que trabalhasse pela reconciliação do imperador com a nação".[11]

Três assuntos aumentaram a distância entre o imperador e a nação: a Guerra da Cisplatina, a relação diplomática com Portugal e a questão da escravidão. A guerra representou não só a primeira derrota militar como também provocou a primeira grande crise financeira do Império. O tratado de Paz e Amizade firmado com Portugal em 1825 gerou indignação popular, quando tornou-se público que o reconhecimento da independência do Brasil veio acompanhado de obrigações indenizatórias que agravaram a já dramática situação do Tesouro nacional. Os brasileiros mal haviam digerido a "fatura da independência" quando D. Pedro I teve de administrar a crise da sucessão do trono português. A morte de seu pai, d. João VI, em 1826, transformou-o no herdeiro

---
[11] Ibid., p. 318.

legítimo da Coroa portuguesa, mas D. Pedro I renunciou em favor de sua filha dona Maria. Não tardou para d. Miguel, seu ambicioso irmão, reivindicar o trono e iniciar uma guerra contra a sobrinha em 1828.

Outro tema que causou tensão entre o imperador e o Parlamento foi o tratado com a Inglaterra, em 1826, de cessação do tráfico de escravos. D. Pedro foi duramente criticado no Parlamento por ter traído o interesse da nação ao assinar um acordo que poderia quebrar o país. Um deputado, Cunha Mattos, denunciou o fim do comércio de escravos como "derrogatória da honra, do interesse, da dignidade, da independência e soberania da nação brasileira".[12] Os deputados aproveitaram essa discórdia com o imperador para ressuscitar a necessidade de fortalecer a preponderância do Parlamento sobre a Coroa. O Brasil precisava se tornar de fato uma monarquia constitucional em que o rei reina, mas não governa. Mas nem D. Pedro I nem José Bonifácio acreditavam que as instituições políticas já estavam suficientemente maduras para essa transição do poder soberano da Coroa para o Parlamento. Era preciso tempo para que os princípios constitucionais se enraizassem no coração da nação, disciplinassem as disputas políticas, determinassem as práticas e os costumes que ditam os hábitos, o senso de dever e de responsabilidade, que deveriam pautar a atuação do governo, dos partidos e dos políticos. Parafraseando Montesquieu, nos estados recém-criados, os líderes fundam as instituições e somente depois de enraizadas elas formam os líderes da nação.[13]

Em 1830, José Bonifácio acreditava que o poder do monarca ainda era um importante elemento de equilíbrio – um sistema de freios e contrapesos – entre o Parlamento, o governo e os partidos. A tentativa de extirpar o poder do imperador e transferi-lo inteiramente ao

---

[12] GRINBERG, Keila; SALLES, Ricardo. *O Brasil imperial*. Rio de Janeiro: Civilização Brasileira, 2009. v. 1. p. 159.
[13] MONTESQUIEU. *Grandeur et decadence des Romains*. Paris: Garnier-Flammarion, 1968. p. 26.

Parlamento, antes do pleno amadurecimento das instituições políticas, representava um sério risco político para o país. O desequilíbrio entre os poderes ameaçaria a ordem, a credibilidade das instituições e a estabilidade do regime monárquico – reconhecido por José Bonifácio e D. Pedro I como o anticorpo institucional contra o florescimento de uma república de caudilhos.

A visão e os objetivos do imperador e de José Bonifácio estavam alinhados. Era preciso agir sem delongas. D. Pedro I pediu ao seu ex-ministro que assumisse novamente a chefia do governo. José Bonifácio recusou o convite, mas aconselhou o imperador a formar um novo governo, composto por homens de grande prestígio político e de brasileiros natos, como o mineiro Caldeira Brant (marquês de Barbacena) e o baiano Miguel Calmon Pin de Almeida (marquês de Abrantes). Mas a luta do imperador provou-se inglória. Em julho de 1830 eclodiu a revolução na França, que culminou com a deposição do rei Carlos X. A revolução de 1830 derrubou um monarca que se recusava a abrir mão do seu poder de governar e a aceitar as limitações constitucionais que o Parlamento pretendia lhe impor. O figurino do rei despótico que resistia a se submeter às limitações constitucionais da democracia parlamentar foi habilmente explorado pelos liberais brasileiros, que voltaram a atacar o imperador e o poder "absolutista" da Coroa. D. Pedro I tentou reagir aos ataques apelando ao povo. Resolveu visitar a província de Minas Gerais, como fizera na época da independência, para reacender a chama da popularidade. Durante a viagem, percebeu que o acolhimento formal que recebera em Minas coincidia com a animosidade encontrada nas ruas do Rio de Janeiro. Sem apoio popular e obrigado a enfrentar duelos cada vez mais frequentes entre "brasileiros" e "portugueses" no governo, no Exército e na imprensa, D. Pedro I perdia rapidamente o poder de arbitrar as disputas.

A "Noite das Garrafadas" foi o estopim que faltava para desencadear uma crise política. Ao retornar de sua viagem a Minas Gerais, oficiais "portugueses" resolveram homenagear o imperador. Não tardou para que os "brasileiros" reagissem e impedissem a homenagem. O enfrentamento das duas facções desencadeou um conflito nas ruas do Rio de Janeiro, no qual "estrangeiros" e "brasileiros" criaram barricadas e arremessaram garrafas uns nos outros. O episódio aumentou a pressão sobre o imperador, que se recusou a submeter a escolha do seu governo ao crivo do Parlamento. A situação tornou-se insustentável, e, em 7 de abril de 1831, D. Pedro I renunciou à coroa brasileira, passando-a para seu filho, o infante D. Pedro, de apenas cinco anos de idade.

Um dos últimos atos políticos de D. Pedro I foi a nomeação de José Bonifácio como tutor dos seus filhos e do futuro imperador, D. Pedro II: "Tendo maduramente refletido sobre a posição política deste Império, conhecendo quanto se faz necessária a minha abdicação [...], hei por nomear tutor dos meus amados e prezados filhos ao muito probo, honrado e patriótico cidadão José Bonifácio de Andrada e Silva, meu verdadeiro amigo".[14]

A ausência do imperador criou um vácuo, e o embate entre governo e Parlamento desencadeou uma série de crises, revoltas estaduais e disputas políticas fratricidas, que ameaçaram gravemente a unidade territorial, as instituições democráticas e a existência do regime constitucional. José Bonifácio não pretendia assistir passivamente à ruína da sua obra política. Não tardou para defender a volta de D. Pedro I e apoiar o movimento "regressista", que clamava a volta do imperador destituído. Ao ingressar novamente na arena política, José Bonifácio foi combatido pelo governo regencial, que o destituiu da posição de

---

[14] SOUSA, Octávio Tarquínio, op. cit., p. 323.

tutor do príncipe e das princesas, em 1833. Exilado na ilha de Paquetá, o velho Andrada sabia que o Brasil passava por sua primeira crise de adolescência e que somente o sofrimento e as dificuldades fariam o Brasil amadurecer e reconhecer as virtudes da monarquia constitucional, das instituições democráticas e da unidade territorial que ele ajudara a edificar. Desolado no seu refúgio, José Bonifácio continuava a pensar e agir como um estadista, mesmo sabendo que morreria antes de ver seu país triunfar: "É preciso sacrificar-se para o bem do Brasil, e tu não verás este bem. Os campos estão cheios de sementes e flores, e tu não as gozarás. Vivamos hoje se no-lo permitem; não lutemos contra o destino. O indivíduo é nada, a espécie é tudo".[15] No dia 6 de abril de 1838, José Bonifácio faleceu, aos 75 anos.

O Brasil precisou da ousadia, coragem e determinação de D. Pedro I para proclamar a independência e fundar a nova nação. Mas a independência seria insustentável se não tivéssemos tido um estadista como José Bonifácio, que soube comandar o processo de construção de instituições políticas que assegurassem a unidade nacional e a existência de um regime constitucional alicerçado nos princípios democráticos e no Estado de Direito. O príncipe D. Pedro foi a energia, a inspiração e o símbolo da independência brasileira; José Bonifácio foi o arquiteto, o *Founding Father* e o estadista responsável por transformar a audácia política do príncipe em leis e instituições, e a Coroa no símbolo vivo da unidade nacional. Esse foi o legado de José Bonifácio.

A independência do Brasil é fruto do esforço do seu povo de preservar a liberdade, defender as instituições e combater os tiranos que buscam se apoderar do Estado e destruir o espírito generoso e empreendedor dos brasileiros. José Bonifácio dizia: poderemos ser "os atenienses

---

[15] Ibid., p. 346.

da América, se não formos comprimidos e tiranizados pelo despotismo". Seu pupilo, o futuro imperador D. Pedro II, tornou-se um fiel guardião de seus ensinamentos. Lutou durante todo seu reinado para preservar a liberdade, as instituições e a independência da nação que herdara de seu pai e de seu tutor. Mas a liberdade é incompatível com a escravidão, e José Bonifácio sabia que a reconciliação da monarquia liberal e constitucional com os fundamentos da liberdade só seria alcançada no dia em que o Brasil tivesse a coragem de abolir a escravidão. A missão de mobilizar a sociedade e o Parlamento para enfrentar a vergonha nacional da escravidão coube a um legítimo representante da elite nordestina, um jovem que teve a coragem de romper com seus pares, despertar a ira de sua classe social e defender o interesse de uma raça que não tinha voz, poder ou representação política. Seu nome era Joaquim Nabuco.

2. Joaquim Nabuco

O aristocrata abolicionista e o poder de mobilizar a sociedade em torno de mudanças transformadoras

A principal diferença entre políticos medíocres e estadistas é que os primeiros costumam evitar as questões difíceis que geram desconforto na sociedade. Torcem para que os assuntos urgentes não se transformem em crises durante seu mandato e rezam para que não tenham de enfrentar temas urgentes que possam levá-los a perder popularidade, poder ou votos. Estadistas, por sua vez, provocam desconforto na sociedade e correm riscos – eleitoral, político e pessoal – para promover mudanças transformadoras. Mudanças que exigem coragem, determinação e perseverança para desafiar as pessoas a rever crenças, valores e atitudes que retardam o progresso socioeconômico do país e o fortalecimento das instituições democráticas. Líderes são educadores da sociedade; orientam, inspiram e mobilizam as pessoas a se engajar em mudanças, ajudando-as a encontrar os meios e os caminhos que as levem a enfrentar os verdadeiros problemas que ameaçam o bem-estar da comunidade.

Joaquim Nabuco foi um dos estadistas brasileiros. Teve coragem de liderar a luta contra a escravidão, obrigando o país a encarar o mais explosivo tema político, econômico e social da época. Se a questão premente do século XXI é a reforma do Estado assistencial – que viciou muitos povos em benefícios, direitos e benesses insustentáveis –, o problema central do século XIX nas Américas era a questão da escravidão. Nos Estados Unidos, a escravidão só foi abolida após uma devastadora guerra civil que durou quatro anos (1861-1865) e que matou quase um milhão de pessoas – ou 3% da população americana. No Haiti, a rebelião de escravos levou à expulsão dos franceses e à declaração da independência do país em 1804. A combinação de sublevação de escravos com conquista da independência política marcou igualmente a história de Cuba e de Porto Rico. Ao contrário desses países, o Brasil possuía estadistas que tiveram coragem, visão, determinação e perseverança de enfrentar o problema da escravidão por meio das leis e das instituições. Dentre essas figuras eminentes, Joaquim Nabuco se destacou.

Ao se tornar o símbolo de uma causa, o líder aumenta dramaticamente a atenção e a visibilidade do tema, que a sociedade evita enfrentar, de maneira corajosa e responsável. Em contrapartida, o líder se transforma no alvo preferido dos ataques de pessoas que se sentem ameaçadas pelas mudanças propostas. O grande desafio do estadista se resume em promover transformações sem se tornar mártir da sua causa. Essa foi a missão política de Joaquim Nabuco entre 1884 e 1888. Era preciso eliminar a escravidão do Brasil sem fomentar revoluções ou guerra civil que pudessem destruir a monarquia constitucional, as leis e as instituições democráticas. Não era uma tarefa fácil. Para os defensores da escravidão, Nabuco era o traidor da sua classe social, porque defendia uma causa que representava a ruína financeira dos fazendeiros e o colapso da economia brasileira. Afinal, os três maiores produtos de exportação do país – café, açúcar e algodão – dependiam de mão de obra escrava. Para os abolicionistas radicais, a moderação de Nabuco despertava suspeitas e resvalava no preconceito de classe. Ele era um aristocrata que procurava contemporizar duas coisas contraditórias: os interesses econômicos da elite agrícola e a emancipação dos escravos.

O fim da escravidão representava a perda de poder, renda e privilégio da camada mais privilegiada da sociedade – à qual Nabuco pertencia –, o triunfo da liberdade política e a extensão do direito à cidadania a uma raça excluída da vida pública.

Joaquim Nabuco não compreendia o fim da escravidão como luta de classes nem como instrumento de manobra política para comandar uma revolução no país. Era uma batalha pela defesa de um princípio fundamental: a liberdade. Um país que possuía um grau de liberdade de imprensa como poucas nações do mundo e um regime liberal e constitucional que figurava entre as democracias mais avançadas da época não podia conviver com a vergonhosa escravidão. O Brasil era a única nação liberal que ainda cultivava o regime servil. Para Nabuco, a escravidão representava um entrave ao desenvolvimento econômico do país, à mobilidade social, e uma séria ameaça à monarquia constitucional e aos princípios liberais que deram ao país a estabilidade política, o Estado de Direito e a ordem institucional. Escravidão e liberalismo eram conceitos antagônicos e conflitantes. Se o Brasil não tivesse coragem de extirpar o regime escravocrata, ele destruiria o Estado liberal.

O imperador D. Pedro II simpatizava com a causa abolicionista, mas se recusava a endossá-la abertamente porque temia perder o apoio da elite. Preferiu adotar medidas graduais que permitissem desmantelar lentamente o sistema escravocrata sem desestabilizar os alicerces do regime monárquico. Os eventos, entretanto, nem sempre acontecem no ritmo desejado. Num país em que a liberdade de expressão e a liberdade política reinavam, o debate se dava por meio do duelo de ideias para conquistar a opinião pública. Surgiram dezenas de jornais, movimentos, manifestos, clubes e agremiações defendendo e criticando a abolição nas ruas, nos cafés e no Parlamento. A pressão da população metropolitana e dos profissionais liberais do Rio de Janeiro a favor do fim da escravidão chegou a tal ponto que D. Pedro II resolveu formar um novo governo sob a liderança do conselheiro Dantas e incumbiu-lhe de encontrar uma solução política para a questão da escravidão.

O imperador acreditava que o perfil conciliador de Dantas e a sua capacidade de articular entendimentos políticos colaborariam para a construção de uma solução politicamente viável. Mas Dantas compreendeu rapidamente que não havia mais espaço para meias medidas. Fez o que tinha de ser feito. Escolheu um lado, tomou partido e tornou-se um defensor da abolição no Parlamento. Assim que assumiu a chefia do governo, apresentou um projeto de lei que previa a emancipação dos escravos com mais de sessenta anos e exigia o recadastramento nacional dos escravos no prazo de um ano. Os proprietários que não apresentassem registros dos seus escravos seriam obrigados a emancipá-los sem direito a recompensa financeira. O projeto, conhecido como "Lei Dantas", foi festejado pelos abolicionistas e repudiado pelos escravocratas.

A proposta do governo representava a consagração da política da emancipação gradual da escravatura. A Lei Dantas complementaria a tríade formada também pelas leis Eusébio de Queirós e do Ventre Livre. Promulgada em 1850, a Lei Eusébio de Queirós extinguiu o tráfico de escravos, mas não conseguiu estancar o contrabando nem impedir a proibição do comércio de escravos entre as províncias brasileiras, que continuava ativo. A decadência dos engenhos de açúcar nas províncias do Norte e do Nordeste estimulou a venda de escravos aos fazendeiros do Sudeste, onde o crescimento do cultivo de café exigia o emprego de mão de obra intensiva. De 1850 a 1884, foram comercializados mais de 120 mil escravos no país. Após um hiato de 21 anos e da traumática Guerra do Paraguai, que contou com a participação dos negros que ingressaram no Exército e lutaram bravamente pelo país, o visconde do Rio Branco aprovou a Lei do Ventre Livre, em 1871, mesmo ano em que terminou o conflito. A lei assegurava a liberdade aos filhos de escravos nascidos a partir da sua promulgação. O projeto de lei do conselheiro Dantas pretendia concluir a obra iniciada por Eusébio de Queirós e Rio Branco. A emancipação dos sexagenários e o recadastramento praticamente sepultariam a escravidão no Brasil.

O conselheiro Dantas aproveitou a pressão da opinião pública, o entusiasmo dos abolicionistas e a popularidade do seu projeto de lei para investir contra a resistência dos escravocratas no Parlamento. Resolveu endurecer o tom do seu discurso e mostrar que o chefe do governo não estava disposto a negociar, contemporizar ou fazer concessões: "Neste assunto nem retroceder, nem parar, nem precipitar". Ao superestimar o apoio e a pressão da população fluminense e subestimar a resiliência dos escravocratas, o conselheiro Dantas resolveu colocar seu projeto de lei em votação, mesmo sabendo do risco que tal projeto representava à sobrevivência do seu governo. A questão da abolição sempre dividiu governos, províncias e partidos. Havia apenas uma minoria no Parlamento disposta a arriscar sua carreira política para defender a Lei Dantas. O deputado Moreira Barros, por exemplo, preferiu renunciar à presidência da Câmara a ser obrigado a colocar a lei em votação. O impasse paralisou o Parlamento, levando à dissolução do governo e à convocação de novas eleições.

A abolição da escravidão foi o tema predominante na eleição de 1884. Abolicionistas e escravocratas se engalfinharam na campanha política mais eletrizante e disputada do Império. A Lei Saraiva alterou a natureza da disputa eleitoral. Promulgada em janeiro de 1881, ela instituiu o voto direto para senadores e deputados. Até então, havia eleições diretas apenas para vereadores[1]. A eleição para o Parlamento

---

[1] Jorge Caldeira argumenta que há eleições municipais no Brasil há mais de 500 anos; um costume estabelecido entre nós muito antes da fundação do Estado brasileiro em 1808. Os primeiros povoados receberam o título real de "vila" (cidade) em 1532. Ver: CALDEIRA, Jorge. *O Banqueiro do Sertão*. São Paulo: Mameluco, 2006. 2 v.; e Id. *História do Brasil com empreendedores*. São Paulo: Mameluco, 2009.

era indireta. O eleitor escolhia o votante que, por sua vez, elegia deputados e senadores. Antes da Lei Saraiva, 50% da população masculina adulta votava. Isso representava praticamente a totalidade dos homens livres acima de 25 anos (mulheres e escravos não votavam). Não havia nenhum país no mundo com um contingente tão grande de eleitores. Após a promulgação da Lei Saraiva, apenas 1,5% da população passou a ter direito ao voto[2]. O fator predominante que ceifou drasticamente o número de eleitores não foi a determinação de comprovação de renda mínima de 200 mil réis/ano, mas a exigência de que o eleitor soubesse ler e escrever. Em 1880, 85% dos brasileiros eram analfabetos.

Apesar da exclusão dos analfabetos, o barão de Penedo, em carta endereçada a Joaquim Nabuco, exprimiu a aprovação das novas regras eleitorais: "Que revolução a da Lei Saraiva! Estamos num país onde em muitos pontos a eleição é mais livre do que na Itália, na Espanha e em Portugal". A Lei Saraiva conferiu ao eleitor o poder de eleger pelo voto direto todos os seus representantes – senadores[3], deputados e vereadores. Nem as duas maiores democracias liberais da época – Inglaterra e Estados Unidos – estenderam o direito irrestrito de escolha aos seus eleitores. Na Inglaterra, o eleitor votava para deputado, mas não tinha poder de escolher os membros da Câmara dos Lordes, onde residia uma parcela significativa do poder político. Nos Estados Unidos, o eleitor elegia apenas os deputados de maneira direta e sem filtro. Os senadores eram selecionados pelas assembleias estaduais, e o presidente da República, apesar de escolhido pelo povo, era eleito oficialmente pelo Colégio Eleitoral, como se verifica ainda hoje.

---

[2] "Para efeito de comparação, observe-se que em torno de 1870 a participação eleitoral na Inglaterra era de 7% da população total; na Itália, de 2%; em Portugal, de 9%; na Holanda, de 2,5%". Ver: Carvalho, José Murilo de. *Cidadania no Brasil*: o longo caminho. Rio de Janeiro: Civilização Brasileira, 2001.
[3] Os senadores eram eleitos pelo voto direto, mas o imperador tinha o poder de escolhê-los de uma lista tríplice composta dos três senadores mais votados por província.

Segundo Nabuco, o voto direto aumentou consideravelmente o peso do eleitor urbano, permitindo uma escolha mais criteriosa e independente da coerção dos chefes políticos locais. Ele acreditava que a crescente importância e independência do voto urbano seria um fator determinante para a aprovação de mudanças transformadoras, como a abolição da escravidão. O sepultamento do voto indireto acabaria com a campanha restrita e discreta voltada para um pequeno grupo de votantes que se resumia "à circular eleitoral e a uma ou duas conferências".[4] A adoção do voto direto para o Parlamento mudou a natureza da campanha. Para conquistar o voto popular, o candidato tinha de ir às ruas, participar de comícios, improvisar discursos nos teatros e nas praças públicas, angariar o apoio de militantes. Nabuco sentia-se muito melhor nesse novo cenário eleitoral. Era um grande orador, capaz de cativar os eleitores de todas as camadas sociais e seduzir uma legião de simpatizantes com suas ideias, seus discursos empolgantes e seu carisma. Mas nem todo mundo compartilhava do entusiasmo de Nabuco com as mudanças da lei eleitoral.

Sancho Barros Pimentel, um dos líderes do Partido Liberal e amigo de Nabuco desde o tempo da faculdade de Direito, via com certo ceticismo os benefícios da Lei Saraiva: "A reforma eleitoral elevou umas coisas e abateu outras... eu receio que nessa época ainda não possa um homem da tua ordem reunir mais de 100 votos".[5] A promulgação de leis não desmantela estruturas de poder arraigadas na sociedade. As leis só deixam de ser uma mera intenção quando passam a ser cumpridas e respeitadas por meio de cobrança, imposição e punição. A Lei Saraiva aumentou a participação do voto urbano e independente, mas, como Sancho alertara, foi incapaz de abolir os mecanismos de fraude e

---

[4] ALONSO, Ângela. *Joaquim Nabuco*. São Paulo: Companhia das Letras, 2007. p. 187.
[5] Ibid., p. 186.

cooptação amplamente utilizados nas campanhas. O emprego de capangas para intimidar adversários e agredir eleitores da oposição; a compra de votos com dinheiro, favores e presentes; o emprego de correligionários na falsificação de cédulas eleitorais e de identidade que permitia até defunto votar – tudo isso fazia parte dos meios e métodos de garantir a vitória nas urnas. Nabuco teve o dissabor de descobrir na eleição de 1884 que os velhos hábitos não desapareceram com a mera promulgação de leis e reformas.

Assim que o Parlamento foi dissolvido, em setembro de 1884, e as eleições foram convocadas, Nabuco deixou o Rio de Janeiro e partiu para Pernambuco, onde pretendia se eleger deputado pelo seu estado natal. Havia se tornado a personificação da campanha abolicionista. A viagem ao Recife transformou-se num acontecimento político. Jornais abolicionistas do Rio de Janeiro publicaram coletâneas dos seus célebres artigos denunciando a escravidão. Um cortejo de personagens do movimento abolicionista, capitaneado por dois de seus principais líderes, José do Patrocínio e André Rebouças, acompanhou-o até o navio que o levaria ao Recife. Na escala em Salvador, o próprio conselheiro Dantas foi recepcioná-lo a bordo. Era uma forma de agradecer-lhe e prestigiá-lo pelo seu inestimável apoio à Lei Dantas. Nabuco usou pseudônimos ingleses, como William Lloyd Garrison, para atacar os adversários da Lei Dantas em artigos na imprensa e denunciar os parlamentares que se recusavam a apoiar o projeto. Criticava os políticos que usavam a máscara da moderação para ocultar a inação, o silêncio e a covardia em torno de uma questão urgente e inadiável.

Se Nabuco encantava o povo, a imprensa e os intelectuais, ele despertava desconfiança na elite. Não queria se indispor com os chefes políticos e com a cúpula do Partido Liberal, erro que cometera em 1881 e que lhe custara sua derrota eleitoral. Em 1884, recorreu aos seus relacionamentos políticos e familiares para persuadir as lideranças do partido de que pretendia ser um fiel e disciplinado aliado dos Liberais no Parlamento e agir como um líder moderado e pragmático, capaz de conter os abolicionistas radicais. "A missão do governo é fazer por meio da política o que a revolução faria pela força", afirmou. Essa era a voz do herdeiro político de uma ilustre família, cujo avô fora senador e cujo pai, José Thomaz Nabuco de Araújo, ocupara cargos ministeriais e se tornara uma destacada liderança do Império. Mas o figurino do aristocrata moderado não resistiu ao embate da campanha eleitoral. Assim que foi ungido como o candidato do Partido Liberal pelo primeiro distrito do Recife, mergulhou na campanha eleitoral e defendeu de maneira inequívoca a abolição.

Joaquim Nabuco não pretendia se eleger deputado para defender interesses paroquiais ou livrar-se do ócio, disputando eleições e pleiteando cargos públicos. Ingressara na política porque queria acabar com a escravidão e erradicá-la do país. Essa foi a causa que despertou seu senso de missão política e de dever público. Desejava deixar como legado um país de homens livres. Em seus comícios no Recife, deixava claro que se candidatara a deputado para acabar com o hediondo regime escravocrata: "Candidato como sou, represento acima de tudo uma ideia, a saber, que a escravidão, palavra que os brasileiros não deviam mais pronunciar porque queima como ferro em brasa a consciência humana, deve ser banida para sempre das nossas leis".

Ao anunciar o propósito da sua candidatura, Nabuco convocou os eleitores a lutar por uma causa que não era apenas sua, mas da nação: "Liberais, conservadores, republicanos e abolicionistas, vós tendes hoje duas únicas bandeiras diante de vós. A inscrição de uma é este brado da civilização: 'abaixo a escravidão!'. A inscrição da outra é um sofisma, 'respeitemos o direito de propriedade', quando o objeto possuído é um homem como nós". A indignação moral servia de pretexto para inocular outro argumento mais mundano e imediatista. Nabuco anunciava como os grilhões da escravidão retardaram o progresso econômico e o avanço social das camadas menos favorecidas. Ele defendia o fim da escravidão e a promulgação de uma lei agrária que acabasse com o latifúndio improdutivo, "abrindo um futuro a vós e a vossos filhos, pela posse e pelo cultivo da terra". A libertação dos negros representava também a emancipação econômica dos trabalhadores que sonhavam em se tornar proprietários de terra.

Graças aos anos em que vivera na Inglaterra, Nabuco aprendeu que o combate à miséria se dá por meio do aumento da produtividade econômica e não pelo inchaço do Estado e da criação de empregos públicos: "É preciso que os brasileiros possam ser proprietários de terra e que o Estado os ajude a sê-lo. Não há empregos públicos que bastem às necessidades de uma população inteira. É desmoralizador ao operário acenar-lhe com uma existência de empregado público, porque é prometer-lhe o que não se lhe pode dar e desabituá-lo do trabalho que é a lei da vida. O que pode salvar a nossa pobreza não é o emprego público, é o cultivo da terra". Nabuco se apresenta como o candidato de todos aqueles que se sentem oprimidos por um sistema que concentra renda, direitos, propriedade e oportunidade nas mãos de latifundiários e de escravocratas que vivem à sombra do Estado e não se importam com o futuro da nação: "É como representante dessa enorme massa de vítimas da escravidão que eu vos peço que me mandeis ao Parlamento. Votando por mim, não votais por um indivíduo, votais pela libertação do nosso território e pelo engrandecimento do nosso povo, votais por vós mesmos e vos elevais neste país de toda a altura da liberdade e da dignidade humana".[6]

---

[6] NABUCO, Joaquim. Discurso em São José. In: MELLO, Evaldo Cabra de (Org.). *Essencial Joaquim Nabuco*. São Paulo: Companhia das Letras, 2010. p. 114-116.

Os seus comícios tornaram-se um acontecimento político e social. Mulheres, jovens, operários, escravos libertos, profissionais liberais, burocratas, comerciantes e aristocratas esclarecidos lotavam teatros, clubes, praças e ruas para ouvi-lo a disparar seus ataques contra a escravidão. Nabuco transformou seus comícios eleitorais numa oportunidade para conquistar votos e educar a opinião pública. Sua oratória cativava a audiência ao mesclar fatos e dados com metáforas e histórias para ilustrar como as injustiças da escravidão ameaçavam corroer os pilares da liberdade, do progresso, da mobilidade social, do aumento da produtividade da economia e das instituições políticas.

Os trabalhadores vislumbravam a perspectiva de ver o país livrar-se da escravidão que limitava a geração de empregos e de renda. Nabuco foi o primeiro estadista a cortejar e a valorizar o papel dessa categoria esquecida, pequena e menosprezada no Brasil da escravidão: "O que é operário? Nada. O que virá a ser? Tudo. É que o futuro, a expansão, o crescimento do Brasil está em vós. Enquanto não fores um elemento ativo, enérgico, preponderante, não teremos chegado ainda ao nível das nações emancipadas".

Os empreendedores e os comerciantes vibravam com a determinação de Nabuco de desmantelar o Estado que mantinha a escravidão à custa do estrangulamento do crédito, do comércio e do progresso econômico: "A escravidão quer dizer monopólio e a missão do comércio em toda parte é destruir monopólios... o capital da escravidão é limitado e não se pode comparar ao do trabalho livre que é geral... . Não é mais preciso mostrar como a escravidão entorpece, limita, paralisa e arruína o comércio". As mulheres gostavam de ir aos comícios de Nabuco. Apesar de não terem direito a voto, ele fazia questão de reservar cadeiras no teatro para que as mulheres pudessem assistir à sua pregação. Ao compreender os males da escravidão, elas poderiam ajudar a quebrar o espírito escravocrata nos seus lares.

Cada pessoa encontrava nas palavras de Nabuco a coragem, a determinação e o senso de urgência para derrotar a escravidão. Frequentemente, ele deixava os comícios carregado nos ombros da multidão, que lançava pétalas e flores e arremessava chapéus ao ar, em homenagem ao gladiador que se batia contra o regime servil. Mas havia uma parte significativa do eleitorado que gostaria de lhe ferir com espinhos e eliminá-lo da vida pública.

O discurso de Nabuco em Madalena, bairro nobre de Recife, ilustra o destemor do orador em denunciar a falta de compromisso da elite econômica com a emancipação dos escravos: "São os homens ricos do país os que mais deveriam auxiliar o movimento abolicionista, porque são os que mais interesse têm. Se não o fazem é porque neles a riqueza não substitui a inteligência e não corrige a ignorância". A veia cívica de Nabuco pulsa violentamente quando depara com a ausência do senso de dever e de espírito público de uma elite que se tornou parasitária, improdutiva e alheia aos interesses do país. Tornara-se uma oligarquia que vivia à custa da riqueza construída por seus antepassados, de favores do Estado e do trabalho escravo. "Educar a nossa enfezada e raquítica plutocracia quer dizer antes de tudo fazer-lhe compreender um dos dogmas sociais do nosso tempo: que ela não tem somente direitos, mas tem também deveres, e deveres para com o território que possui, para com a população que dela depende, para com a sociedade que a protege e a garante".[7]

A retórica de Nabuco causava constrangimento na elite e reforçava a sua imagem de abolicionista radical, que atacava os interesses da sua própria classe ao pregar o fim da escravidão. Liderar exige coragem não só para lutar por mudanças transformadoras, como também para

---

[7] Id. Discurso em Madalena. In: MELLO, Evaldo Cabra de (Org.), op. cit., p. 122-124.

enfrentar perdas – de privilégios, direitos e benefícios. Nabuco fazia questão de deixar claro que os escravocratas seriam os grandes perdedores com a abolição. E ia além: insistia na ideia de que teriam de digerir perdas financeiras sem ajuda do governo, porque durante três décadas resistiram a sepultar a escravidão que estrangulara o crescimento econômico e a prosperidade social da nação. Agora, não havia mais espaço para barganhas. Nabuco propunha a abolição sem indenização aos proprietários de escravos e defendia a venda de terras improdutivas para pequenos agricultores.

O desconforto e a indignação com as palavras e atitudes de Nabuco desencadearam uma reação nada sutil na cúpula do Partido Liberal para impugnar sua candidatura. As manobras para substituí-lo por outro candidato no primeiro distrito de Recife se intensificaram e já contavam com o apoio de alguns líderes partidários que temiam as consequências de ter de acomodar no futuro governo uma figura enérgica, corajosa e determinada a criar constrangimentos políticos por causa da sua obsessão em acabar com a escravidão. A tentativa de cassar sua candidatura malogrou graças à intervenção decisiva de alguns líderes liberais, como Sancho Barros Pimentel.

A tentativa frustrada de destruir a candidatura de Nabuco não desencorajou seus adversários. Recorreram às calúnias e acusações para desmoralizá-lo, debilitar sua candidatura e enfraquecê-lo politicamente. Apareciam notícias falsas nos jornais conservadores acusando-o de ter vendido escravos. Nabuco desmentiu categoricamente essas mentiras e intrigas: "Se alguém conseguisse provar que eu algum dia vendi um escravo, ter-me-ia inutilizado, de um só golpe, para a campanha abolicionista, desmoralizando tudo o que eu tenho dito, escrito e feito. Em minha vida eu não exerci um minuto de poder jurídico sobre escravo algum". Além de utilizar os jornais para atacar

Nabuco, empregaram todas as ferramentas possíveis – dinheiro, influência e poder – para fortalecer o candidato do Partido Conservador no distrito, Machado Portela.

Os jornais que apoiavam o adversário de Nabuco acusavam-no de demagogo e denunciavam seu projeto de vender terras improdutivas como uma proposta "comunista". Nabuco retorquia aos ataques em artigos e discursos para ilustrar a diferença radical entre os liberais-abolicionistas e os conservadores-escravocratas: "Não tenho medo de qualificativos. Sim, eu quisera nivelar a sociedade, mas para cima, fazendo-a chegar ao nível do artigo 179 da Constituição, que nos declara todos iguais perante a lei. Vós não calculais quanto perde o nosso país por haver um abismo entre senhores e escravos". A escravidão representava o atraso econômico, o cancro moral e político que devoraria a monarquia constitucional e as instituições democráticas. Era preciso erradicar o mal pela raiz e não havia mais tempo para soluções graduais. A emancipação dos escravos tornou-se premente e inadiável. "Entre nós, as reformas parecem prematuras quando já são tardias", dizia ele.

No dia 1º de dezembro de 1884, os eleitores foram às urnas. Nabuco estava animado e esperançoso. Recebera cartas e informações sobre a onda abolicionista que se espalhava pelo país. José do Patrocínio insuflara a cidade do Rio de Janeiro; os republicanos defendiam o fim da escravidão em São Paulo; no Recife, Nabuco havia conseguido mobilizar milhares de pessoas e transformar a sua campanha eleitoral num movimento de conscientização dos malefícios que a escravidão trouxera ao país. Os seus discursos e artigos reverberaram por todo o país, transformaram-no numa celebridade nacional. Nabuco imaginava estar a um passo da glória política. Sua eleição representaria o triunfo da causa abolicionista e certamente lhe asseguraria um cargo ministerial no novo governo Dantas, cuja missão gloriosa seria o sepultamento da escravidão no Brasil. Mas o destino de um país democrático se decide no voto e, ao se abrirem as urnas, veio a decepção.

A empolgação com a causa abolicionista que agitara o Rio de Janeiro, Recife e outros centros urbanos foi incapaz de se tornar uma força eleitoral arrebatadora. O Partido Liberal venceu, mas por margem estreita, muito longe da vitória consagradora que se esperava. A própria eleição de Nabuco foi conturbada. No dia da eleição, os cabos eleitorais de Machado Portela foram flagrados pelos partidários de Nabuco forjando votos em uma das urnas. A discussão acalorada terminou em briga. No meio da confusão, dois tiros foram disparados por um cabo eleitoral do Partido Conservador. Ninguém morreu, mas os partidários liberais fecharam uma roda em torno do autor dos tiros e o mataram. A confusão estava instalada e a eleição no primeiro distrito foi impugnada. Nabuco, que havia vencido o pleito, ficou indignado com a decisão. A solução encontrada foi a realização de um "segundo turno" no distrito às vésperas do Natal. A tensão entre os partidários de Nabuco e de Machado Portela continuou ditando o tom da campanha, marcada pela animosidade entre os militantes e o desejo de vingar a vitória roubada. Não estava em jogo apenas a eleição de um deputado provincial, mas a derrota ou a vitória da causa abolicionista e de seu principal líder. A impressão que se tinha era de que o destino da abolição dependia da vontade dos eleitores do primeiro distrito do Recife. Em vez de fazer campanha na cidade, Nabuco resolveu partir para o Rio de Janeiro e usar seu poder e sua influência para pressionar os líderes do Partido Liberal a apoiar sua campanha pelo reconhecimento da sua vitória eleitoral.

A chegada triunfal do líder abolicionista na corte e a perspectiva de que ocuparia uma posição de destaque no Parlamento e no governo reacenderam o entusiasmo dos abolicionistas. Mas a esperança de que o fim da escravidão estava próximo logo se desfez. Enquanto Nabuco articulava, promovia reuniões, mobilizava seus partidários e a mídia para obter o reconhecimento da sua vitória eleitoral, Dantas tentava formar o novo governo liberal. Havia dois problemas que dificultavam a formação do novo ministério. Primeiro, vários parlamentares liberais favoráveis à causa abolicionista foram derrotados nas eleições. O segundo problema era mais grave. O Partido Conservador elegeu vários líderes antiabolicionistas que estavam determinados a lutar pela derrota da Lei Dantas. Ao contrário do que os liberais haviam imaginado, a eleição não havia se tornado um referendo nacional sobre a abolição da escravidão. Embora Nabuco tenha sido eleito na segunda votação também, o pleito tornou-se apenas mais uma disputa eleitoral como tantas outras, em que questões nacionais mesclavam-se com rivalidades partidárias provinciais. O novo governo liberal encontrava-se sem poder para votar um projeto tão polêmico como a Lei Dantas. O novo gabinete agonizava e não tardou a ser derrotado, poucos meses depois, numa moção de desconfiança. Era o fim do governo Dantas. O imperador preferiu convidar o experiente conselheiro Saraiva para formar o novo gabinete a convocar novas eleições.

Quando Saraiva anunciou seu ministério, em 6 de maio de 1885, Nabuco encontrava-se em situação difícil. Seu mandato ainda não havia sido reconhecido pelo Parlamento e ele continuava afastado dos debates na Câmara. As chances de se tornar ministro tornaram-se nulas com a ascensão do novo governo. Saraiva recusou-se a lhe estender a mão e auxiliá-lo a reconhecer seu mandato em 1885. Sem o empenho do líder do governo, Nabuco viu sua vitória eleitoral lhe escapar entre os dedos. Mas ele foi salvo por um incidente fúnebre. Com a morte de um deputado eleito pelo quinto distrito eleitoral em Pernambuco abriu-se uma vaga na Câmara. Nabuco candidatou-se mais uma vez e, de novo, foi eleito, retornando finalmente ao Parlamento. Em 3 de julho de 1885, assumiu o mandato.

Rusgas passadas e rancores políticos haviam criado entre Saraiva e Nabuco um distanciamento que nenhum dos dois se esforçou para eliminar. O fosso entre eles abriu-se em 1880, quando Saraiva comandava o governo e Nabuco o pressionava a transformar a questão da abolição da escravidão no tema central da agenda política. Nabuco demandava compromisso firme e atuação decisiva do governo. Saraiva procurava atenuar as divergências entre parlamentares abolicionistas e escravocratas com medidas graduais e modestas, e deixava claro que não pretendia transformar a abolição na principal bandeira política do Partido Liberal.

Saraiva sabia o risco político e institucional que o tema suscitava e não pretendia dar destaque a uma questão que ameaçava desestabilizar a monarquia e a unidade nacional. Acreditava que a escravidão tinha de ser abolida, mas de maneira gradual. Era preciso tempo para a sociedade digerir as mudanças e as perdas que representavam o fim da escravidão. Sua habilidade para construir consenso e trilhar o caminho da moderação lhe permitiu subir os degraus da carreira política. Conquistou a confiança do imperador, que lhe incumbiu a liderança do governo em 1880 e 1885.

Nabuco, ao contrário, elegera a luta pelo fim da escravidão como sua causa maior, a razão de ter ingressado na vida pública. Tinha profunda convicção de que a escravidão representava o atraso econômico, a ruína moral, o imobilismo social e a degeneração política da monarquia constitucional. Livrar-se da escravidão seria um processo doloroso e traumático, mas vital para a prosperidade da nação e para a sobrevivência dos princípios liberais e do governo democrático. Os discursos de Nabuco no Parlamento tornaram-se motivo de constrangimento para o líder do governo. Saraiva procurou ignorá-los, mas foi obrigado a enfrentar Nabuco quando ele lançou, em 1880, um projeto de lei abolindo a escravidão. Para minar a resistência política dos escravocratas ao seu projeto, Nabuco aceitou incluir o direito à indenização dos proprietários de escravos.

Contrariado, Saraiva não podia mais se esquivar. O tema da abolição estava no centro da arena e o chefe do governo tinha de agir. No debate entre o jovem parlamentar e o experiente líder do governo, o partido apoiou Saraiva. O projeto de Nabuco foi derrotado, mas ele conquistou fama de orador brilhante e reputação de grande líder abolicionista. Embevecido pelos "vivas" das ruas, os aplausos dos abolicionistas e os elogios da imprensa liberal, Nabuco cometeu um erro infantil. Rompeu com o governo e se apresentou como "liberal independente". Iludido pelo fervor do movimento abolicionista no Rio de Janeiro, imaginou que a nação estivesse madura para enfrentar as dificuldades e as perdas que representavam o fim da escravidão. Quis, com sua decisão, incitar a formação de uma coalizão de abolicionistas, composta por dissidentes do Partido Liberal, republicanos e poucos parlamentares do Partido Conservador. Mas Nabuco saiu duplamente derrotado do episódio. A coalizão abolicionista não prosperou e o seu ato de independência partidária custou-lhe uma fragorosa derrota eleitoral em 1881. Nabuco exilou-se na Europa e só retornou ao Brasil em 1884.

Nabuco devia ter em mente que, quando uma nação é obrigada a enfrentar mudanças de valores e de costumes, não podem faltar coragem, determinação, perseverança e liderança para educar a opinião pública. As pessoas devem estar preparadas para enfrentar os desafios, as perdas e os sacrifícios momentâneos que as mudanças de cultura exigem. Nabuco se esforçava para conscientizar a nação de que a escravidão comprometia o crescimento econômico, a mobilidade social, o aumento da renda dos trabalhadores e a preservação das liberdades cívicas e políticas. A escravidão sacrificava o desenvolvimento econômico preservando o monopólio da riqueza produzida por escravos. Concentrava as grandes fortunas nas mãos de poucos indivíduos e fechava as portas da ascensão social. Comprometia a existência das instituições liberais e da legitimidade do Estado de Direito, por excluir os direitos políticos de uma camada expressiva da população. Nabuco digladiava no Parlamento e na imprensa, nos clubes e associações, nas campanhas eleitorais e nas ruas, denunciando, combatendo e mostrando ao povo e à elite que a escravidão destruiria a nação. Seus discursos e artigos reverberavam pelo país, despertando a ira na elite escravocrata e conquistando aplausos entre os liberais. Mas seus escritos e discursos tinham pouco efeito prático na formulação de leis e de políticas públicas. O motivo pelo qual suas propostas encontravam tanta resistência era simples: o Brasil era um país viciado em escravos.

A escravidão estava enraizada em toda a sociedade. Ser dono de escravo não era privilégio de poucos fazendeiros abastados, com suas plantações de café, cana-de-açúcar e algodão. De fato, em 1880, os proprietários de escravos eram, em sua grande maioria, pequenos fazendeiros, comerciantes, profissionais liberais, funcionários públicos e até aposentados. "Nas cidades, muitas pessoas possuíam apenas um escravo, que alugavam como fonte de renda. Em geral, eram pessoas pobres, viúvas, que tinham no escravo alugado seu único sustento." Escravos que conquistavam a alforria e começavam a ganhar dinheiro com seu trabalho logo se transformavam em proprietários de escravos ("78% dos libertos na Bahia possuíam escravos"). O mesmo fenômeno acontecia em outras províncias, "as pessoas de cor, tão logo tivessem algum poder, escravizavam seus companheiros, da mesma forma que o homem branco". De fato, existiam escravos até mesmo nos quilombos, como era o caso no próprio quilombo de Palmares.[8]

A batalha de Nabuco contra a escravidão era uma luta contra valores, direitos e fonte de renda de milhares de pessoas. Suas propostas desafiavam os brasileiros a renunciar ao direito de escravizar uma raça e, sobretudo, a abrir mão do sustento que essa exploração significava – fonte única de renda de uma parcela significativa da população. A abolição demandava a superação da aversão brasileira em sacrificar interesses imediatos por ganhos futuros. Nabuco tinha plena consciência dos riscos de liderar a causa abolicionista. Quase sempre tinha de fazer o papel impopular de levantar temas desconcertantes e apontar as inconsistências entre os valores liberais e os costumes perversos de uma sociedade que relutava em acabar com a escravidão.

Assim que retomou sua cadeira no Parlamento, em junho de 1885, ele se viu novamente numa situação política delicada. Parecia que reviveria o mesmo drama político de cinco anos atrás. Assim como em 1880, Saraiva comandava o governo e não estava disposto a defender o fim imediato da escravidão. Assim como em 1880, Nabuco estava pronto a desafiar o líder do governo a erradicar imediatamente a escravidão no país. Estava Nabuco disposto a se engajar em mais um duelo parlamentar com Saraiva e correr o risco de se tornar novamente um "liberal independente" e perder a eleição seguinte? Ele acabara de voltar à Câmara após cinco anos de ausência e sabia que precisava quebrar a resistência no Parlamento para assegurar o fim do regime escravo por meio das leis. Nabuco jamais aceitaria a abolição por meio da revolução. Era um legalista e defensor convicto da realização de mudanças por meio das instituições liberais, de governos constitucionais e do Estado de Direito.

---

[8] CARVALHO, José Murilo de, op. cit., p. 48-49.

Enquanto políticos costumam agir pensando nos seus objetivos imediatos, estadistas são guiados por uma visão estratégica, baseada na convicção em determinados valores e princípios que lhes permitem discernir entre os desafios prementes e os falsos problemas. Um político que se encontrasse na situação de Nabuco em 1885 provavelmente procuraria reconciliar-se com a cúpula do seu partido e adular o líder do governo, dando sinais claros de que estava disposto a recuar e adotar uma postura moderada na questão abolicionista – especialmente se tal atitude fosse o preço a ser pago para conquistar um cargo ministerial. Uma vez no governo, procuraria usar seu prestígio e sua influência junto aos abolicionistas para convencê-los de que era preciso recuar um passo antes de avançar rumo à abolição imediata. Se obtivesse êxito com sua política moderada, o nobre político poderia engrandecer sua reputação e aspirar à estima do imperador e, um dia, poderia ser chamado para comandar o governo. Mas Nabuco não era um político comum.

O tempo havia se esgotado para soluções graduais. Algumas províncias – como Amazonas e Ceará – já haviam abolido a escravidão. Nos grandes centros urbanos, como o Rio de Janeiro, a pressão popular crescia e os republicanos aproveitaram para transformar a erradicação da escravidão numa de suas principais bandeiras. República e abolição tornaram-se sinônimos. A procrastinação da questão abolicionista reforçava a imagem caricata da monarquia, um regime alicerçado num imperador velho e doente, manipulado por conservadores e escravocratas que ignoravam os anseios do povo e só pensavam em defender os próprios interesses. Nabuco temia a república porque a considerava uma ameaça às instituições liberais, ao Estado de Direito e ao regime constitucional. O Brasil estava cercado de repúblicas governadas por caudilhos e governos autoritários. Nabuco não queria ver seu país seguindo o caminho dos seus vizinhos. Mas esse poderia ser o destino do Brasil se o governo continuasse a hesitar em acabar com a escravidão.

Nabuco não deu trégua ao novo governo. Pressionou pela aprovação do projeto Dantas assim que Saraiva assumiu as rédeas do novo ministério. Não havia tempo a perder. Saraiva, entretanto, vacilou. Sua prudência nada tinha a ver com sabedoria política. Revelava apenas falta de coragem, de convicção e de senso de urgência que o tema merecia. A decisão do governo Saraiva foi desastrosa. O projeto audacioso da Lei Dantas foi dissecado e reduzido a um único ponto: a alforria dos escravos com mais de 65 anos. Nabuco partiu para o ataque. Acusava Saraiva de conluio com os escravocratas e, para alegria da multidão que ia à Câmara escutá-lo, atacava seu próprio partido e o líder do governo: "Esta Câmara já foi convertida em mercado de escravos, em que V. Exa., Sr. Presidente, faz o papel de pregoeiro marroquino".[9] Nabuco sabia que seus ataques selavam seu futuro político no partido. Mas os verdadeiros estadistas se preocupam com as instituições e com o futuro das próximas gerações, e não apenas com a perspectiva da próxima eleição.

O governo Saraiva caiu logo após a votação da Lei dos Sexagenários na Câmara, e novas eleições foram convocadas. Nabuco pressentiu que a covardia política de Saraiva seria traduzida em derrota eleitoral dos liberais. Os conservadores voltariam ao poder e retardariam o processo da abolição. Antes da dissolução do Parlamento, Nabuco foi à tribuna defender o federalismo – a outra bandeira dos liberais que estava sendo surrupiada pelos republicanos. Federalismo e abolicionismo eram as duas faces da mesma moeda: o primeiro assegurava a autonomia política das províncias; o segundo, a liberdade cívica, política e econômica da nação.

Segundo Joaquim Nabuco, um país continental com interesses regionais tão diversos precisava descentralizar o poder e dar mais

---
[9] ALONSO, Ângela, op. cit., p. 201.

autonomia aos governos provinciais. Os interesses regionais jamais serão legitimamente representados por um governo central que, além de distante dos problemas locais, consome riqueza das províncias por meio da cobrança de altos impostos:"O que ele (o governo central) quer é dinheiro para gastar, empregos para distribuir, e das províncias só quer que a receita geral não diminua e que a ordem pública se mantenha". A carga tributária no Brasil tornara-se absurdamente alta e a voracidade arrecadadora do governo era ilimitada:

> Desde que o Estado tenha, como continuará a ter, o poder de taxar ilimitadamente, pouco importa saber quais são as ventosas que lhe ficam, o importante para ele é poder extrair a última gota de sangue... É preciso criar forças externas, que mantenham a autonomia das províncias, porque o Estado é incapaz de limitar-se a si próprio.

A manutenção da escravidão e a falta de autonomia das províncias consistem em amarras que drenam a capacidade do Brasil crescer, progredir e se desenvolver. Nabuco convoca os Liberais

> a hastear a bandeira da abolição, da federação e da paz: a abolição, que é o trabalho e a terra; a federação, que é a independência e o crescimento; a paz, que é o engrandecimento exterior e a expansão legítima de todos os estímulos da atividade nacional, e este partido há de mostrar que é a maior força deste país, porque o coração do país é ainda profundamente liberal e democrático.[10]

---

[10] NABUCO, Joaquim. Discurso parlamentar. In: MELLO, Evaldo Cabral de (Org.), op. cit., p. 196-227.

Nem a abolição nem o federalismo ajudaram Nabuco a se eleger deputado em janeiro de 1886. A máquina política do Partido Conservador em Pernambuco e no restante do país triturou os liberais. Nabuco foi derrotado e, mais uma vez, resolveu exilar-se na Europa. Parecia o fim da sua carreira política. Rompido com o chefe do seu partido, derrotado nas urnas e líder de uma causa que parecia perdida, Nabuco partiu para Londres sentindo-se um homem fracassado. Não era apenas a derrota da causa abolicionista que o entristecia, mas a convicção das consequências nefastas que ela representava para o país. Um regime político incapaz de promover mudanças e de se adaptar às demandas da sociedade tende a perecer.

Enquanto deixava a angústia e o pessimismo ditarem suas reflexões sobre o futuro do país, Nabuco resignava-se à leitura, à escrita e aos pensamentos que fluíam durante a travessia do Atlântico rumo à Europa. As viagens que Nabuco fez para a Europa ensinaram-lhe que o espírito cosmopolita é vital para transcendermos as barreiras de classe, religião, ideologia e de interesses sectários que dificultam a busca do consenso e que costumam minar o esforço sincero de se encontrarem alternativas para os problemas e desafios que testam a capacidade de evoluir ou de regredir da nação. A ordem, a paz, o progresso, a previsibilidade e a confiança só existem num mundo civilizado. O dever de preservar a civilização é uma obrigação moral da elite. Ela deve agir como uma espécie de timoneiro que conduz a nação por meio do exemplo, senso de dever e sentido de missão.

Esse espírito cosmopolita pautou a vida pública de Nabuco e sua atuação política. Ele o ajudava a não perder de vista o cerne da questão, a perspectiva histórica e os valores e princípios que regem a civilização. Compreendia que a vida das nações e dos povos é fruto da evolução dos costumes, de adaptações graduais e do fortalecimento das instituições. Por isso, cultivava enorme admiração pelo sistema político inglês – por seus princípios liberais, pelo governo constitucional, pelo papel premente do Parlamento e pela atuação discreta, porém relevante, dos monarcas na arena pública. O espírito cosmopolita de Nabuco permitiu-lhe sentir-se em casa em qualquer lugar do mundo, não importava se estivesse no Rio de Janeiro, Recife, Paris, Londres ou Washington – cidades em que viveu como parlamentar, diplomata, jornalista e, acima tudo, como um estadista dedicado a defender os interesses do Brasil.

A Europa serviu-lhe também de refúgio, uma espécie de santuário que buscava quando precisava encontrar tempo e força para lamber as feridas e se preparar para a batalha seguinte. Pensamentos sombrios dominavam sua mente e seu coração sobre o futuro do Brasil. A escravidão arruinaria as instituições democráticas, devoraria a monarquia, insuflaria as ideias revolucionárias, levando o país ao trágico caminho das repúblicas e dos governos autoritários que predominavam na América Latina. Nesses momentos de desesperança, a vida o brindou com um episódio que o fez renascer: conhecer em Londres seu grande ídolo, o primeiro-ministro britânico William Gladstone, o estadista que conduziu as reformas liberais na era vitoriana.

Outro episódio inesperado foi a viagem do imperador D. Pedro II à Europa para tratar da saúde debilitada. O poder ficou nas mãos da princesa Isabel, que defendia a abolição da escravidão e que não temia criar certo constrangimento político ao líder do governo, o barão de Cotegipe, um conservador que relutava em acelerar o passo da abolição porque sabia que tal assunto representava um enorme custo eleitoral para seu governo. A insistência da princesa Isabel em discutir a questão causou enorme irritação no barão. Numa audiência tensa com a princesa, Cotegipe afirmou que a Coroa não deveria se imiscuir num tema político tão controverso e delicado. Alertou-a para o fato de que a abolição não seria decidida em conversas reservadas entre eles, mas no voto.

Cotegipe pensava como um político; a princesa Isabel raciocinava como estadista. O barão evitava o tema e se recusava a enfrentar a resistência que a abolição suscitava no Parlamento e no próprio Partido Conservador. A princesa tinha plena consciência do risco à ordem, à paz interna e à credibilidade das instituições que a hesitação política de Cotegipe representava ao país. Na sua visão, a sobrevivência do governo era uma questão menor perante o mal que a permanência da escravidão representava para a nação.

Cotegipe não conseguiu permanecer no poder evitando o tema da abolição e a espinhosa questão da indenização aos proprietários de escravos. Os temas prementes não respeitam a lógica política. Eles atropelam o raciocínio limitado, tacanho e egoísta daqueles que pensam apenas nos ganhos de curto prazo. A hesitação política do barão paralisou o governo e rachou o Partido Conservador, provocando a queda do seu gabinete. Novas eleições foram convocadas e, dessa vez, a sociedade estava suficientemente madura para abolir a escravidão por meio do voto.

A desesperança de Nabuco converteu-se em alegria assim que chegou ao Brasil para disputar a eleição, em agosto de 1887. Após dez anos de luta pela abolição, sua causa deixara de ser uma aspiração de um punhado de liberais para se tornar a causa da nação. As suas teses abolicionistas, consideradas radicais no início dos anos 1880, tornaram-se o pensamento da maioria. Ninguém mais se chocava com as palavras duras do seu panfleto *O abolicionismo*:

> A escravidão, assim como arruína economicamente o país, impossibilita o seu progresso material, corrompe-lhe o caráter, rebaixa a política; impede a imigração, desonra o trabalho manual, retarda a aparição das indústrias e produz uma aparência ilusória de ordem.[11]

---

[11] NABUCO, Joaquim. *O abolicionismo*. Petrópolis: Vozes, 2000. p. 91.

O sinal promissor de que a maré havia mudado estava na discórdia do Partido Conservador. Um dos principais adversários dos abolicionistas que mudou de lado, tornando-se defensor até do não pagamento de indenização aos fazendeiros, foi o paulista Antônio da Silva Prado. Membro do gabinete de Cotegipe, Antônio Prado pressionou o governo a abolir a escravidão antes que ela destruísse o país. Quando o barão recusou-se a seguir as recomendações do seu ministro, Antônio Prado renunciou ao cargo e foi ocupar uma cadeira no Senado. De lá, começou a disparar críticas à hesitação de Cotegipe: "Tudo perde-se, tudo gasta-se no insano labutar da inglória tarefa de sustentar a causa que se diz da lavoura, mas que não é senão de interesses mal-entendidos, mal respeitados e mal definidos".

Antônio Prado fez mais do que proferir discursos no Parlamento. Em 1887, convenceu parte dos fazendeiros paulistas a fazer como ele e libertar seus escravos. Em seguida, propôs à Assembleia Legislativa de São Paulo passar uma lei abolindo a escravidão na província até o fim de 1888. Enquanto isso, o capitão Antônio Bento aproveitou a emancipação espontânea promovida pelos fazendeiros paulistas para orquestrar uma fuga em massa de escravos das fazendas que relutavam em aderir ao movimento. Quando os proprietários exigiram a intervenção da polícia, Antônio Prado usou sua influência e prestígio político para persuadir o governo local a não utilizar a força policial na captura dos escravos rebeldes.[12]

Antônio Prado tornou-se aliado de Joaquim Nabuco na luta pela abolição quando constatou que era possível substituir a mão de obra escrava pelo trabalho livre sem causar perdas para a lavoura. Logo após a promulgação da Lei do Ventre Livre, em 1871, a família Prado reuniu

---

[12] D'AVILA, Luiz Felipe. *Dona Veridiana.* São Paulo: Girafa, 2004. p. 304.

um pequeno grupo de fazendeiros e, juntos, decidiram atrair imigrantes europeus para trabalhar nas suas fazendas de café. De 1872 a 1883, Antônio Prado dividiu os lotes cultivados por imigrantes e escravos e constatou que a produtividade dos trabalhadores livres era superior à dos escravos. A constatação recorrente desse fenômeno o levou a substituir os escravos pelos imigrantes. Em 1883, metade da mão de obra das suas fazendas era de imigrantes. Martinico Prado, irmão de Antônio, tornou-se o fundador e líder da Sociedade Promotora da Imigração, que tinha como sócios-fundadores aristocratas que pertenciam aos partidos Conservador, Liberal e Republicano Paulista. De 1877 a 1895, São Paulo recebeu 612 mil imigrantes italianos. Não é por outra razão que Nabuco dizia que Antônio Prado foi peça-chave para quebrar a resistência dos fazendeiros de São Paulo ao projeto de emancipação dos escravos.[13]

A campanha eleitoral de Nabuco, em 1888, seguiu o tradicional roteiro de discursos, pancadaria entre capangas, acusações de fraude e disputa acirrada por votos. Mas, dessa vez, Joaquim Nabuco obteve vitória relativamente folgada no primeiro distrito eleitoral do Recife. Nenhum candidato no Brasil foi tão celebrado e ovacionado como Nabuco:

> Era o auge da popularidade. Virou tema de enfeites de carnaval e um fabricante de chapéu criou o modelo "O Abolicionista", com seu retrato. Na parada do vapor rumo à corte foi ganhando... grande recepção na Bahia; avalanche de manifestações ao vivo e na imprensa na sua chegada na corte. A Rua do Ouvidor era toda vivas, flores e bandeiras.[14]

Apesar de se tornar uma celebridade política, Nabuco não conseguiu converter a popularidade em poder. Os conservadores venceram

---
[13] Ibid., p. 298.
[14] ALONSO, Ângela, op. cit., p. 222.

a eleição, e Nabuco foi excluído do momento solene da abolição. A sua luta pela abolição havia se transformado na aspiração da sociedade. Nabuco ainda era o líder inconteste da abolição, mas coube ao Partido Conservador – seu principal adversário político – sepultar a escravidão. O gabinete João Alfredo-Antônio Prado recebeu a incumbência de acabar com o sistema escravocrata. De março a maio de 1888, Antônio Prado conduziu a negociação política do projeto de lei que aboliu os eufemismos e as palavras vazias. O governo decretaria a abolição sem nenhuma condicionante. Optou por uma redação sucinta, direta e objetiva da lei: "É declarada extinta desde a data desta lei a escravidão no Brasil. Revogam-se as disposições em contrário". Duas frases curtas que expressavam uma década de luta no Parlamento e nos partidos, nas ruas e nas urnas, nas cidades e nas fazendas. A lei, promulgada no dia 13 de maio de 1888, foi imediatamente batizada de Lei Áurea. A princesa Isabel, responsável por sua promulgação, foi coroada com o título popular de A Redentora.

Restou a Nabuco defender a lei no Parlamento e ser recebido no plenário com um "Ave César!" pelo amigo Paulino. No momento em que a lei foi promulgada, Nabuco estava ao lado da princesa. Crítico da monarquia nos momentos em que a família real se absteve de apoiar claramente a abolição – causa que sempre defendia em conversas reservadas –, Nabuco foi surpreendido pela reação inesperada da princesa que "perguntou-lhe, sorrindo: 'estamos reconciliados?'. Nabuco beijou a mão estendida e se curvou diante da realeza. Estavam".[15] A princesa do Brasil e o príncipe da abolição foram ovacionados pelo povo quando apareceram lado a lado no balcão do edifício de onde se via a multidão no Pátio Imperial. Nesse momento histórico, Nabuco era aplaudido e

---

[15] Ibid., p. 231.

aclamado no Parlamento, nas ruas, nos eventos sociais e artísticos da cidade. No seu diário, anotou no dia 13 de maio:

> O povo em delírio no recinto [Parlamento], meu nome muito aclamado. Pelo Campo de Santana até o [jornal] Paiz com Celso Júnior, cercado pelo povo. Ao Paço [da cidade]. À sanção e assinatura. Falo de uma das janelas do Paço. Pelas ruas com Dantas, Patrocínio, Clapp, Jaceguai, etc. Jantamos todos no Globo. Depois aos espetáculos de gala em nossa honra. "Viva a pátria livre!".[16]

A abolição foi sua apoteose. Nabuco se tornou a voz e a feição da causa abolicionista. Ele era a figura nacional do abolicionismo. Graça Aranha, seu amigo de diplomacia, de lutas políticas e de tertúlias literárias na Academia Brasileira de Letras, escreveu sobre o momento supremo de Nabuco como o líder da abolição:

> Onde o segredo que tornou o movimento abolicionista tão impetuoso e triunfante? No sentimento da liberdade, que é a alavanca social invencível, na piedade pelo escravo, que é a expressão da nossa ternura, no orgulho patriótico a que repugnava a mancha negra, a mancha nacional.
> O heroísmo supremo de Nabuco está em ter sido a magnífica voz desse sentimento de liberdade, o poeta desta compaixão, o vingador desta vergonha coletiva.
> Nabuco transmite a tudo o fluido da perpétua renovação da vida, que é o sinal da eternidade, e em nossa memória, em nossa evocação, ele viverá como o símbolo da mocidade heroica em nossa raça.[17]

---

[16] NABUCO, Joaquim. *Diários*: 1873-1910. Rio de Janeiro: Bem-Te-Vi. v. 1. p. 292.
[17] GRAÇA ARANHA. *Machado de Assis & Joaquim Nabuco*: correspondência. Rio de Janeiro: Topbooks, 2003. p. 218.

Mas Nabuco era o primeiro a reconhecer que a emancipação dos escravos não teria ocorrido não fossem a coragem, a perseverança e a determinação de muitas pessoas que se engajaram na luta pela abolição na imprensa, nas ruas, nas urnas e no Parlamento. Em *Minha formação*, seu livro de memórias, Nabuco enumera os heróis desse grande movimento. Havia os jornalistas e propagandistas que travaram uma luta sem trégua na imprensa, nos clubes e nas associações abolicionistas no Rio de Janeiro. Esse grupo era formado por André Rebouças, José do Patrocínio, Gusmão Lobo, Joaquim Serra, Ferreira de Meneses e Vicente de Souza. O movimento no Rio de Janeiro ajudou a incendiar a causa pelas províncias e a estimular a criação de grupos e associações abolicionistas no Ceará, no Amazonas, em Pernambuco, na Bahia, em São Paulo e no Rio Grande do Sul. Mas a batalha decisiva foi travada no Parlamento. O racha no seio do Partido Conservador, capitaneado por Antônio Prado, "que retirou o veto de São Paulo à abolição, quebrando a resistência até então compacta do Sul", e a atuação assertiva e corajosa do governo João Alfredo em 1888, "que levou o Partido Conservador a apresentar a lei de extinção imediata, ato que nessa época foi de grande audácia", foram imprescindíveis para o desfecho final. Destacam-se três parlamentares, cuja atuação foi decisiva para a abolição: José Bonifácio, O Moço, "cuja adesão à ideia foi um contingente igual à libertação [dos escravos] do Ceará", além de Cristiano Ottoni e Silveira da Motta.[18]

Após o momento áureo da luta contra a escravidão, a elite política baixou a guarda. Em vez de aproveitar o momento de júbilo e de união nacional para dar continuidade às reformas econômicas e sociais, ela parecia exaurida e resignada. Havia feito sua grande obra e precisava

---

[18] NABUCO, Joaquim. *Minha formação*, op. cit., p. 172-175.

de tempo para deixar a poeira assentar, reconciliar os abolicionistas e os fazendeiros ressentidos e cicatrizar as feridas do embate político na emancipação dos escravos antes de retomar o caminho das reformas. Enquanto a elite desfrutava de seus feitos, os republicanos jacobinos se movimentavam para derrubar a monarquia. No dia 15 de novembro de 1889, o golpe republicano foi orquestrado por um pequeno grupo de militares. A Coroa e a elite não esboçaram a menor resistência. O povo, estupefato e atônito, descobriu que o imperador havia sido deposto na madrugada e forçado a embarcar às pressas para a Europa com a família real. Joaquim Nabuco, assim como o restante da elite, guardou um silêncio sepulcral sobre o golpe republicano. Nem Nabuco nem seus colegas de Parlamento se mobilizaram para defender a monarquia ou reagir aos golpistas na imprensa e nas ruas. Nada. Silêncio, resignação e inação daqueles que deveriam agir como guardiães das instituições, da Constituição e do Estado de Direito.

Se o 13 de maio representa a glória de Nabuco, o 15 de novembro é sua vergonha. Como dizia Platão, filósofo grego, "a punição que os bons sofrem, quando se recusam a agir, é viver sob o governo dos maus". A profecia platônica confirmou-se. A república dos marechais Deodoro da Fonseca e Floriano Peixoto tinha a feição das repúblicas de caudilho: estado de sítio, fechamento do Congresso, perseguição aos opositores e cerceamento da liberdade de imprensa. E o que Nabuco – o defensor das instituições e da liberdade – fez nesses quase dez anos de aviltamento aos princípios e valores que defendera? Nada. Vendeu a sua casa e partiu para a Europa em setembro de 1890. Aproveitou o autoexílio para se dedicar à vida privada. Casou-se com Evelina Torres Soares Ribeiro e constituiu uma bela família de cinco filhos: Maria Carolina, Maurício, Joaquim, Maria Ana e José Tomás. Escreveu artigos, fundou a Academia Brasileira de Letras com seu amigo Machado de Assis e dedicou-se ao estudo da história. Escreveu a biografia de seu pai, *O estadista do Império*, e *Minha formação*, entre outros escritos. Discorreu sobre política externa, literatura e poesia. Redescobriu a fé e reconciliou-se com a religião católica por intermédio de Evelina.

Sua lenta e gradual reconciliação com a República brasileira ocorreu por meio da sua convicção de que os três presidentes paulistas – Prudente de Moraes, Campos Salles e Rodrigues Alves – lutaram bravamente para implantar a verdadeira república no Brasil: liberal, constitucional e democrática. Os três conseguiram debelar a república autoritária e militarista de Deodoro e Floriano, institucionalizar o Estado de Direito, as liberdades cívicas, e reconstruir as finanças públicas. Voltaram ao poder estadistas com os quais compartilhava o apreço pelos valores liberais e os princípios democráticos. Eram presidentes que compreendiam as regras da civilidade e as virtudes da civilização e da "boa sociedade". Em 1899, Joaquim Nabuco aceitou o convite do presidente Campos Salles para representar o Brasil na comissão diplomática responsável pela definição das fronteiras brasileiras com as Guianas. No ano seguinte, retorna à sua carreira diplomática, assumindo o posto de representante do Brasil em Londres. Em 1904, seu amigo e ministro das Relações Exteriores, o barão do Rio Branco, nomeou-o embaixador em Washington, cargo que exerceu até sua morte, em 1910.

Nabuco terminou a vida pública por onde começou – pela carreira diplomática. Mas seu grande momento foi a luta pela abolição. Ele será lembrado como o homem que lutou para estender o direito à liberdade a todos os brasileiros – brancos e negros. Sua luta mostrou que é possível promover mudanças profundas por meio das instituições, respeitando-se as regras da democracia e sem violar as liberdades e os princípios liberais. Joaquim Nabuco nunca deixou de reconhecer que tais mudanças só foram possíveis porque o Brasil criou um sistema de governo em que o Estado de Direito e as liberdades constitucionais foram asseguradas pela monarquia brasileira,

> que não era militar, nem clerical, nem aristocrática e, por isso, foi derribada pelo Exército, depois da revolta do escravismo, ante a indiferença da Igreja. Se o Brasil fosse uma das grandes nações do mundo, seria uma grande casa reinante essa curta dinastia que deu metade do seu trono para fazer a Independência e a outra metade para fazer a Abolição.[19]

D. Pedro II sabia o risco político que a monarquia corria em defender a abolição da escravidão. Mas os estadistas não hesitam em enfrentar os desafios que toda mudança de comportamento costuma gerar na sociedade. D. Pedro II assumiu a mais árdua de todas as missões políticas: o compromisso de institucionalizar o Estado de Direito e os fundamentos do governo constitucional e democrático.

---
[19] Id. "Por que continuo a ser monarquista?". *Diário do Commercio*, Rio de Janeiro, 7/9/1890.

3. D. Pedro II

O rei-filósofo e a institucionalização do Estado de Direito, da liberdade de expressão e do governo constitucional

D. Pedro II foi um dos maiores estadistas brasileiros. Herdou um império à beira da ruptura política, da degeneração institucional e da desintegração territorial, e transformou-o num país onde reinavam a liberdade, a lei e a ordem institucional. Durante seu reinado, a unidade do Brasil foi consolidada, as instituições políticas se fortaleceram, o Estado de Direito enraizou-se e se exerceu a liberdade de expressão de maneira absoluta. Se a existência de uma imprensa livre é um dos termômetros da liberdade de uma nação, deveríamos nos orgulhar de não haver nenhum outro país no mundo com tamanha liberdade. O legado de D. Pedro II torna-se ainda mais impressionante quando comparado à maioria dos países da América Latina. Enquanto o seu reinado foi constitucional e democrático, com eleições periódicas, alternância de partidos no poder e liberdade plena de imprensa e de opinião, os nossos vizinhos sofriam com governos autoritários, líderes demagogos e golpes de Estado.

D. Pedro II não só foi um estadista como também um monarca exemplar. A simplicidade da Corte e seus hábitos espartanos revelam o senso de dever público e de probidade no uso dos recursos do Estado que balizaram sua atuação. A cultura e a paixão pelos estudos transformaram-no num importante patrono das artes e das ciências e num incansável promotor da qualidade da educação pública no Brasil. Durante seu reinado, a Coroa jamais foi utilizada como meio de enriquecimento próprio ou de seus parentes; tampouco foi usada como mecanismo de distribuição de benesses públicas e de cabide de emprego para os amigos. D. Pedro II atuou como fiel guardião das instituições e defensor implacável do Estado de Direito, das instituições e da liberdade de opinião.

A fama de monarca exemplar, de homem das ciências e das letras transformou-o numa das grandes personalidades da segunda metade do século XIX. Quando morreu em Paris, em 5 de dezembro de 1891, mais de 200 mil pessoas seguiram seu cortejo fúnebre. William Gladstone, o célebre primeiro-ministro da Inglaterra vitoriana, declarou que D. Pedro fora "o governante modelo para o mundo". O *New York Times* publicou editorial afirmando que o imperador "foi o mais ilustrado monarca do século".[1] No Brasil, entretanto, D. Pedro II não foi reconhecido como estadista. Após o golpe republicano de 1889, iniciou-se um processo sistemático para destruir, deturpar e até caricaturar a história e os feitos do imperador.

O Brasil tornou-se um país civilista, legalista e livre, graças a D. Pedro II. Ele foi responsável por inocular esses valores e sentimentos na alma brasileira ao longo do quase meio século em que reinou. Esse foi o seu grande legado para a nação. A partir do Segundo Reinado, o país sempre cultivou uma minoria de estadistas virtuosos que defenderam corajosamente a liberdade, as instituições democráticas e o Estado de Direito, mesmo durante os períodos sombrios, quando o Brasil também se tornou presa de governos autoritários, caudilhos e ditadores.

A infância do segundo imperador brasileiro não se assemelha à história dos príncipes de contos de fada. A mãe, a imperatriz Leopoldina,

---

[1] CARVALHO, José Murilo de. *D. Pedro II*. São Paulo: Companhia das Letras, 2007. p. 241.

morreu quando ele tinha apenas um ano de idade. O pai, o imperador D. Pedro I, foi obrigado a renunciar ao trono e embarcar para Portugal em 1831, deixando o príncipe de cinco anos sob os cuidados da governanta dona Mariana de Verga Magalhães, a Dadama, como ele a chamava, e do tutor José Bonifácio de Andrada e Silva. Permaneceram no Brasil também suas irmãs, as princesas Januária e Francisca.

Na quietude do seu mundinho familiar no palácio imperial, o pequeno príncipe permaneceu confinado por quase dez anos. Levava uma vida de claustro, organizada metodicamente pelo futuro marquês de Itanhaém, a quem a Regência incumbiu de zelar pela educação do monarca logo após a demissão de José Bonifácio do cargo de tutor, em 1832. Estabeleceu-se uma rotina rígida e repleta de obrigações para o imperador. Acordava todos os dias às sete da manhã. Tomava café e estudava das nove às onze e meia. Sua hora de brincar era das onze e meia a uma e meia da tarde. Em seguida, almoçava em companhia da Dadama, do seu médico, do mordomo Paulo Barbosa e de seus professores. Não podia comer com suas irmãs. Depois do almoço, D. Pedro dedicava-se à leitura e ao estudo, intercalando-os com caminhadas pelo jardim do palácio. Antes do jantar, rezava; em seguida, às nove horas, lhe era servido o jantar. Logo após a refeição, recolhia-se no seu quarto e dormia. Seu gosto pelos livros o levara a burlar essa última regra. Aproveitava o silêncio do seu quarto para continuar as leituras. A paixão do imperador pelos livros e pelos estudos tornou-se evidente. Preferia ler a brincar, e, se o deixavam em paz, passava o dia e a noite devorando livros. Segundo o frei Pedro de Santa Mariana, seu professor de matemática e geometria, D. Pedro lia de maneira compulsiva. Os livros tornaram-se seu refúgio pessoal.

Enquanto o príncipe era educado e treinado para se tornar um verdadeiro rei-filósofo, o Império vivia o turbulento período regencial.

Após a renúncia de D. Pedro I, em 7 de abril de 1831, criou-se um perigoso vácuo de poder que foi preenchido pela formação de um governo regencial. Essa primeira experiência "republicana" foi desastrosa. A perniciosa disputa entre as facções políticas no Rio de Janeiro trouxera não só intranquilidade política como também fomentara a inquietação nos quartéis e no Exército. As ruas da cidade foram tomadas por confrontos e levantes que minavam a ordem institucional e a paz na capital do Império.

A história da Regência revela a dificuldade de se preservar a liberdade e o Estado de Direito num país onde as instituições são fragilizadas por disputas entre facções e partidos, que pretendem desvirtuá-las e transformá-las em meros instrumentos de legitimação da conquista e da preservação do poder político. A abdicação de D. Pedro I criou um enorme vácuo no comando do Estado. O imperador tinha o poder de formar e de demitir governos, convocar eleições, escolher os senadores e nomear juízes. Essas atribuições constitucionais do Poder Moderador eram exercidas pelo imperador. Com um monarca-criança no trono, quem seria responsável por exercer com sabedoria e moderação tais poderes até a maioridade de D. Pedro II? O Parlamento estava dividido em relação ao tema.

Havia um grupo, liderado por Honório Carneiro Leão, futuro marquês de Paraná, que defendia a criação de um Poder Executivo com poderes limitados e submisso ao desejo do Parlamento. Os partidários de Honório temiam que a criação de um governo forte pudesse ser rapidamente convertida numa perigosa mistura de independência política e despotismo. O outro grupo, liderado por Evaristo da Veiga, argumentava que a Regência precisava estabelecer o equilíbrio entre os três poderes. O país necessitava de um governo forte para lidar com a crise política e as revoltas locais que ameaçavam a unidade do Brasil.

Um governo frágil e sujeito às pressões intermitentes do Parlamento colocaria em risco a sobrevivência da nação. Mas caberia aos outros dois poderes fiscalizar, cobrar e evitar que o Executivo se tornasse um poder despótico.

Evaristo perdeu a batalha no Congresso. O grupo de Honório venceu o embate parlamentar e foi criada a Regência trina. Eleito pelo Parlamento, o governo regencial era submisso à vontade dos deputados. Não haveria conflito entre o Legislativo e o Executivo porque era evidente que o poder emanava do Parlamento. O governo regencial necessitava do consentimento dos deputados para ratificar suas medidas. Em caso de divergência entre o Parlamento e o governo, a Regência não tinha poderes para dissolver o Legislativo e convocar eleições. Assim, o governo regencial nasceu fraco, débil e incapaz de conduzir o país numa época de grandes tormentas políticas.

A fragilidade do governo era incompatível com a gravidade da situação política. A inquietação nos quartéis e a ameaça de revoltas militares mesclavam-se com a crescente disputa entre as facções políticas nos clubes, nos jornais e no Parlamento. A facção conservadora passou a defender o regresso imediato de D. Pedro I. Segundo os "caramurus" (apelido dos conservadores), o retorno do imperador era vital para restabelecer a ordem e a paz no país e sepultar o governo regencial. A facção radical – conhecida como "farroupilha" – não desejava o retorno de D. Pedro I. Via a Regência como o momento de transferência do poder da Coroa para o Parlamento e, para alguns farroupilhas exaltados, o primeiro passo da transição da Monarquia para a República. Mas radicais e conservadores aliavam-se no Parlamento para atacar o governo dominado pelos liberais.

Felizmente, o governo regencial e o Parlamento eram dominados pelos liberais, que acreditavam na necessidade imperiosa de zelar pelas instituições políticas, pela Constituição e pelo regime monárquico até a maioridade de D. Pedro II. Rechaçavam a volta de D. Pedro I porque enxergavam seu retorno como uma forma perigosa de reacender a chama do absolutismo monárquico e ressuscitar o conceito medieval de que o rei estava acima das leis e das instituições. A proposição dos caramurus representava uma ameaça a um país que lutava para edificar a monarquia constitucional. Os liberais repudiavam igualmente o projeto dos farroupilhas de transformar o monarca numa figura decorativa sem poder ou influência política na conduta do país.

Evaristo de Moraes exerceu um papel vital nesse período. Jornalista e redator do principal jornal liberal do Rio de Janeiro, *A Aurora Fluminense*, membro da influente Sociedade Defensora da Liberdade e da Independência Nacional e uma das principais lideranças políticas no Parlamento, Evaristo acreditava que o liberalismo só triunfaria se estivesse alicerçado nos pilares da monarquia constitucional. Lutava para construir uma monarquia constitucional, respaldada na edificação de instituições fortes, capazes de evitar a imposição de um dos poderes sobre os outros. Era um discípulo de Montesquieu, filósofo francês, e, portanto, acreditava que o arcabouço constitucional e institucional servia para coibir o despotismo – fosse dos reis ou das massas.

Em julho de 1831, Evaristo conseguiu nomear o padre Diogo Antônio Feijó para ocupar o Ministério da Justiça. Esse era o cargo mais importante do governo regencial, especialmente após o Parlamento ter aprovado uma lei concedendo plenos poderes ao ministro da Justiça para debelar a crise política de julho daquele ano. Farroupilhas, caramurus e moderados travavam uma batalha cada vez mais violenta na imprensa, nas ruas, nos clubes e nas associações civis. Os militares eram cortejados por essas facções. Constituíam-se num elemento importante para pressionar o Parlamento e o governo. O crescente envolvimento dos militares nas disputas entre as facções políticas acabou gerando motins, rebeliões e revoltas, cujo intuito era fazer valer pela força a adoção de medidas políticas.

Feijó estava há menos de dez dias no cargo quando eclodiu um motim militar insuflado pelos farroupilhas. Os militares cercaram o Parlamento e exigiram a aprovação de uma lista de reivindicações políticas concebida pelos radicais, como a demissão de funcionários públicos suspeitos de apoiarem os "interesses portugueses", a expulsão do país de partidários de D. Pedro I e a destituição de alguns senadores muito próximos do imperador deposto. O cerco ao Parlamento durou seis dias. Feijó manteve-se firme. Negociou a desmobilização dos militares e rechaçou as reivindicações dos revoltosos. Contava com o apoio militar do grupo de oficiais e das tropas legalistas que defendiam o governo, e com a determinação e coragem política de se fazer cumprir a lei. Não apelou para medidas de exceção nem autorizou prisões arbitrárias dos revoltosos. Puniu os envolvidos nos motins de acordo com processos legais, e em nenhum momento recorreu ao fechamento de jornais ou de associações comandadas pelos farroupilhas e caramurus. Manteve o cumprimento da lei e o respeito à Constituição. Tampouco se furtou da responsabilidade de adotar medidas duras e necessárias. Dissolveu grande parte do Exército e criou a Guarda Nacional, formada por cidadãos e subordinada ao Ministério da Justiça (ou seja, a ele próprio, Feijó) e não mais ao Ministério da Guerra.

Além de enfraquecer o principal foco dos motins, a drástica redução do tamanho do Exército colaborou para o saneamento das finanças públicas. Feijó promoveu um corte de 36% das despesas públicas, permitindo ao governo equilibrar as contas. Tratava-se de algo inédito num país que cultivava um déficit crônico desde o início da luta pela independência. Feijó institucionalizou o rigor na elaboração e no cumprimento do orçamento do Estado:

> A partir de 1832 um minucioso orçamento nacional passou a ser publicado e cumprido. Qualquer outra despesa só era feita com autorização do Parlamento. Essa austeridade permitiu que, em dois anos, fosse estancada a sangria que vinha desde a partida de d. João VI, em 1821.[2]

Não tardou para surgirem acusações de despotismo contra Feijó. Conservadores, radicais e até mesmo alguns liberais atacavam o regente nos jornais. Ele era o "homem que viu a luz do dia em chiqueiro de porcos", o padre "sedutor e alcoviteiro de donzelas em confessionários" ou o "ministro de Satanás". Homem austero e de hábitos simples, Feijó tinha aversão à política do jeitinho e à concessão de favores e de privilégios para atenuar opositores ou premiar aliados. Ele não se importava em agradar às pessoas. Sua preocupação resumia-se em defender a ordem, a lei e a Constituição. Para atingir esses objetivos, só conhecia um método eficaz: o exercício implacável do poder duro, isto é, o poder de combater, pressionar e punir aqueles que se opunham aos seus objetivos. Evidentemente, não conquistou muitos aliados e amigos com esse seu jeito peculiar de ser e de agir. Sua base política começou a corroer.

Um novo levante militar estava em andamento no Rio de Janeiro em abril de 1832. Dessa vez, inspirado pelos caramurus e por pessoas que estavam próximas a D. Pedro II. A acusação era dirigida diretamente aos irmãos Andrada – Antônio Carlos, Martim Francisco e José Bonifácio, o tutor do futuro imperador. O levante foi sufocado pelas tropas aliadas, e Feijó, como de costume, aproveitava esses momentos

---

[2] CALDEIRA, Jorge, et al. *Viagem pela história do Brasil*. São Paulo: Companhia das Letras, 1997. p. 183.

de crise para pedir ao Parlamento a aprovação de medidas duras. Dessa vez, pediu a demissão de José Bonifácio do cargo de tutor. Evaristo liderou o debate na Câmara e conseguiu aprovar a destituição do tutor, mas o projeto foi derrotado no Senado. Os senadores argumentaram que não havia provas de que José Bonifácio estivesse envolvido no planejamento do levante. A derrota do governo no Senado levou Feijó a pedir demissão do cargo de regente. Deixou o poder e a Corte, e retornou para São Paulo. Voltou a ser, como seus adversários o acusavam, um sitiante caipira.

Após sua destituição, o Parlamento aprovou o Ato Adicional de 1834. O "absolutismo" da era Feijó levou o pêndulo político a mover-se em direção à descentralização do poder. O Ato Adicional concedeu às províncias maior autonomia política. Conquistaram o poder de criar e de eleger as assembleias provinciais e de legislar sobre temas locais. É verdade que o presidente da província continuaria a ser nomeado pela Coroa, mas o Ato Adicional representava a primeira experiência de transferir às províncias a responsabilidade de administrar os interesses locais, lidar com as questões municipais e administrar as receitas e despesas públicas. A intenção do Ato Adicional era louvável. Um império de dimensões continentais como o Brasil precisava dividir a tarefa de administrar seu vasto território com os governos provinciais. Mas o momento escolhido para iniciar o processo de descentralização do poder não poderia ter sido pior. O país atravessava um período de grande instabilidade política, e o governo regencial mal conseguia exercer sua soberania no Rio de Janeiro. A descentralização do poder no instante de maior fragilidade do governo regencial colaborou para acirrar as disputas locais e insuflar os levantes regionais. O resultado desse experimento foi desastroso. O governo regencial recorreu novamente a Feijó para tentar conter a onda de revoltas que se alastrou pelo país.

A combinação nefasta de instituições frágeis e delegação de maiores poderes aos governos regionais aumentou o prêmio pela conquista do governo central. O partido que vencesse a eleição e se apoderasse do governo conquistaria os meios para legitimar o mando, destruir a oposição e impor sua vontade. A perda de uma eleição não representava apenas uma derrota temporária. Significava uma vida de ostracismo, de perda de influência e de baixíssima chance de, um dia, conquistar o poder por meio de eleições. O domínio da máquina governista jamais permitira a alternância de poder. Não é por outra razão que o partido derrotado nas urnas sempre acusava o partido vencedor de ter fraudado a eleição. Após o ritual democrático das urnas, os derrotados logo encontravam alguma reivindicação não atendida para transformá-la em pretexto para orquestrar um levante contra o governo. De 1832 a 1837, iniciou-se a temporada de revoltas provinciais que se tornaram uma séria ameaça à unidade nacional. Revoltas populares, militares e políticas ocorreram nas províncias do Pará, do Rio Grande do Sul, da Bahia, do Maranhão, do Piauí, de Pernambuco e de Alagoas.

As revoltas regionais e a anarquia que se instalaram no país levaram Bernardo Pereira de Vasconcelos, um dos líderes da época, a rever suas posições políticas. Esse mineiro ilustre, que despontou como brilhante parlamentar liberal do fim do Primeiro Reinado e um dos mais influentes ministros do período regencial, tornou-se ardente conservador a partir de 1837: "Fui liberal; então a liberdade era nova no país, estava nas aspirações de todos, mas não nas leis, não nas ideias práticas; o poder era tudo: fui liberal". A conversão ilustra a transformação política de uma geração traumatizada pelos acontecimentos do período regencial. Para ele, o Brasil se distanciava dos princípios liberais e caminhava rumo à anarquia. Era preciso frear o carro revolucionário, restabelecer a ordem e evitar a desintegração do país. Essas eram as bandeiras de Bernardo Pereira de Vasconcelos quando trocou o campo liberal pelo conservador. A conversão foi justificada com uma confissão pessoal memorável:

> Como então quis, quero servi-la [a nação], quero salvá-la, por isso sou regressista. Não sou trânsfuga, não abandono a causa que defendi, no dia do seu perigo, de sua fraqueza: deixo-a no dia em que tão seguro é o seu triunfo que o excesso a compromete. Os perigos da sociedade variam, o vento das tempestades nem sempre é o mesmo: como há de o político, cego e imutável, servir o seu país?".[3]

Com a volta dos conservadores ao poder, por meio de Araújo Lima, os papéis se inverteram. Eles se depararam com as mesmas dificuldades que tinham afligido os governos liberais. As disputas internas entre as facções que apoiavam o governo em troca de cargos nos ministérios somaram-se à derrota militar das tropas do governo na Guerra dos Farrapos, no Rio Grande do Sul. Abalado por esses acontecimentos, o governo não dispunha de apoio para aprovar as reformas constitucionais. Os liberais – agora na oposição – iniciaram o movimento pela Maioridade de D. Pedro II. A Constituição do Império determinava que a idade mínima para o imperador assumir o trono era de 18 anos. Os liberais queriam abolir tal impedimento e permitir que D. Pedro II assumisse o trono imediatamente. Criaram a Sociedade Promotora da Maioridade, que incluía liberais (como o deputado Luiz Gê Acaiaba de Montezuma) e conservadores (como os irmãos Andrada, Antônio Carlos e Martim Francisco) e contava com o apoio informal da Corte. Quando uma comissão do Senado foi constituída para sondar

---

[3] CARVALHO, José Murilo de (Org.). *Bernardo Pereira de Vasconcelos*. São Paulo: Editora 34, 1999. p. 24. (Coleção Formadores do Brasil)

o monarca sobre a antecipação da maioridade, D. Pedro II não hesitou em afirmar que estava pronto para assumir o trono: "Quero já!", exclamou o príncipe.

A campanha pela Maioridade ganhou as ruas e a simpatia popular. A imagem do menino-imperador, que estava sendo preparado para governar o país com sabedoria e justiça, tornou-se importante elemento de aglutinação do país em torno da monarquia durante o período turbulento da Regência. As crises políticas colaboraram para reforçar a importância da Coroa e sepultar as aspirações republicanas. Elas ajudaram a consolidar a imagem de que a monarquia constitucional era o esteio que mantinha a nação unida, capaz de garantir o império da lei, as liberdades individuais, a ordem e a paz. Os traumas e as cicatrizes do período regencial demonstraram a necessidade imperiosa de se ter um monarca capaz de mediar as disputas políticas que minaram a eficácia do governo e de atuar como zeloso guardião das instituições e da Constituição. Mas o imperador só seria capaz de desempenhar esse papel se recuperasse parte dos poderes extirpados da Coroa durante a Regência. O movimento pela Maioridade tornou urgente a aprovação das reformas propostas por Vasconcelos. O Conselho de Estado foi restituído, e o Poder Moderador, revigorado. O imperador resgatara o poder de nomear e demitir gabinetes sem o consentimento do Parlamento. Com os poderes restabelecidos, o monarca teria condições de apaziguar as lutas políticas, as revoltas locais e as rivalidades partidárias.

Em 18 de julho de 1841, a população, os parlamentares e as tropas sediadas no Rio de Janeiro tomaram o paço da cidade para a sagração de D. Pedro II. Sua entrada triunfal no local e a cerimônia na capela imperial – onde recebeu a coroa, o manto e a espada imperial, e jurou defender e respeitar a Constituição – foram o ponto alto do evento. Após a coroação, D. Pedro II participou de banquetes, concertos, bailes e celebrações. Dessa vez, não se comportou como criança assustada, mas como um jovem monarca, ciente da responsabilidade, do senso de dever e da magnitude do desafio político que tinha de enfrentar. Fora educado e preparado para exercer o papel que a Coroa e a sociedade lhe incumbiram; estava pronto para ingressar na arena política e assumir as rédeas do poder que seu pai deixara escapar pelas mãos no 7 de abril, e que ele agora retomava em meio à aclamação geral dos súditos. Sua fama de precoce, sério e estudioso renovou a esperança de que o Brasil finalmente teria um soberano sábio e justo, capaz de sepultar o período de desgoverno da Regência, marcado por rivalidades partidárias e revoltas armadas. Mas D. Pedro II foi além. Como timoneiro da nação, contribuiu para o fortalecimento das instituições políticas, do Estado de Direito, das liberdades individuais e da construção da civilização brasileira. Seu comportamento exemplar na conduta do Estado, sua lisura e retidão moral, seus feitos e obras durante quase cinquenta anos de reinado foram suficientes para alçá-lo ao topo do panteão dos estadistas brasileiros. D. Pedro II deveria ser motivo de orgulho, de exemplo e de gratidão da nação.

Ao assumir o trono, D. Pedro II sabia que a prioridade era restabelecer a ordem e o bom funcionamento das instituições. Esse desafio consumiu os primeiros sete anos de seu reinado (1841-1848). Aos quinze anos, o monarca já empregava com extrema habilidade o poder de influenciar e de liderar por meio do exemplo da Coroa. Tinha consciência de que só venceria as dificuldades políticas e manteria o país unido em torno da monarquia se fosse capaz de conquistar os corações e as mentes dos brasileiros por meio da conduta exemplar e da habilidade de governar. Esperava-se do imperador que fosse a personificação dos valores nacionais, o árbitro sábio e imparcial das disputas políticas, o guardião da Constituição, o defensor perpétuo das instituições, o cidadão exemplar e a principal referência de conduta pessoal e moral da nação. Não era um papel fácil a desempenhar, especialmente por se tratar de função vitalícia. Seu pai perdera o trono porque não soubera zelar pelos atributos da realeza. Após ter conduzido com grande destreza política, carisma e habilidade o processo de independência do Brasil, D. Pedro I tornou-se um governante temperamental e um monarca corrompido por suas paixões. A forma impulsiva de governar e a conduta pessoal errática despertaram a antipatia popular, acirraram as divergências políticas e contribuíram para fomentar o divórcio entre o imperador e a nação.

D. Pedro II era a antítese do pai. Desde cedo, apesar da timidez, provou ser um monarca sério, guiado por um senso de dever público que inibia a aproximação das pessoas que desejavam pedir-lhe favores, benesses e privilégios. Tinha horror ao paternalismo estatal e lutou bravamente para instituir a meritocracia no setor público, o que causou estranheza e resistência num país em que os laços pessoais, familiares e de amizade costumam se sobrepor aos critérios meritocráticos. Num país de analfabetos, no qual pouca gente dava valor à educação, D. Pedro II elegeu-a como elemento vital do progresso econômico e social, o pilar da formação de uma nação livre e democrática. Numa nação cuja economia era dominada pelo trabalho escravo, o monarca considerava a abolição da escravidão um imperativo político e um dever moral.

Cauteloso na hora de agir, criterioso nas suas escolhas e polido no trato com as pessoas – não importava se nobres ou serviçais –, D. Pedro II não tardou a conquistar o prestígio, a deferência e a estima vitais para o exercício do poder real. O imperador assumiu duas atitudes importantes no início do seu reinado, que contribuíram para a consolidação da sua autoridade.

A primeira, derivada da prudência política, foi a de não se intrometer na escolha do primeiro ministério. Deixou os vencedores do movimento da Maioridade repartirem o poder e formarem o governo. A figura mais importante do ministério era Aureliano Coutinho. Aliado das duas pessoas mais próximas do imperador – Dadama e seu mordomo, Paulo Barbosa –, Aureliano era o único membro do gabinete que conhecia bem o imperador e gozava da sua confiança. Os outros membros do governo representavam as diversas facções que apoiaram a Maioridade. Possuíam vasta experiência política e pertenciam à geração de ministros que serviram em vários gabinetes de D. Pedro I. Além de Coutinho, faziam parte do governo os irmãos Andrada (Martim Francisco e Antônio Carlos), os irmãos Cavalcanti (Holanda e Francisco) e Limpo de Abreu.

A segunda atitude foi promover o renascimento da vida social na Corte. Antes da Maioridade, o imperador permanecia confinado no palácio de São Cristóvão, isolado do mundo e dos acontecimentos importantes da cidade. O poder político girava em torno do Parlamento e do governo regencial. As recepções e as grandes festas ocorriam nos palacetes da aristocracia. A vida cultural e intelectual concentrava-se nos cafés, nos teatros, clubes e nas associações, como o Instituto Histórico e Geográfico Brasileiro, criado em 1838. Após a Maioridade, a Corte recupera seu prestígio e importância. Volta a ser o epicentro do poder. D. Pedro II seguiu a tradição do pai e do avô (D. João VI) de viver no palácio de São Cristóvão, onde podia cultivar certa privacidade, e de manter as atividades públicas concentradas no Paço Imperial, no centro da cidade. D. Pedro II costumava ir a cavalo ao Paço. Recebia diplomatas estrangeiros, delegações e petições, tratava de questões políticas e administrativas, promovia audiências públicas todas as sextas-feiras e presidia cerimônias e festividades reais; datas e celebrações como o aniversário do imperador, o dia da coroação, as festas natalinas, o ano novo, o dia de reis e eventos políticos – como a abertura e o término dos trabalhos do Parlamento. Esses eventos tornaram-se ocasiões para reforçar a imagem do poder real e do prestígio do imperador como símbolo da nação. Os rituais da Corte, as cerimônias oficiais, a presença do imperador coroado e cercado pelas figuras mais importantes do Império, o desfile de tropas e a exibição da pompa real simbolizavam o restabelecimento da ordem política e da paz interna.

O imperador tornou-se uma figura visível e presente. Acordava cedo, lia os despachos e jornais, tinha audiências e recebia petições no Paço Imperial. Quando era visto nas ruas a cavalo ou na carruagem imperial, as pessoas paravam e os homens retiravam o chapéu em deferência ao monarca. D. Pedro II criou uma rotina de inspeção de escolas, hospitais e repartições públicas. Indagava funcionários, escutava queixas e elogiava as atitudes exemplares, demonstrando interesse genuíno pelas pessoas e pelas questões administrativas. Anotava observações e comentários em seu diário, lia atentamente os relatórios e os documentos do governo e, para o desespero dos ministros, questionava-os sobre assuntos administrativos, sobre os quais em geral sabia mais do que o interlocutor. Dessa forma, o imperador não só lapidava o conhecimento e formava opinião sobre as questões de Estado como também obrigava os ministros a tratar de temas administrativos, e não apenas de intrigas políticas.

O imperador soube usar o poder de forma inteligente para enquadrar as elites locais, apaziguar os levantes populares e disciplinar as disputas políticas. Assim que as tropas do governo derrotavam os rebeldes, o imperador escolhia o presidente da província e o encarregava de restabelecer a ordem, julgar e prender os revoltosos. Em seguida, condecorava seus fiéis servidores com títulos nobiliárquicos (como foi o caso de Lima e Silva, o duque de Caxias), honrarias e nomeações. Quando o monarca certificava-se de que os governos provinciais haviam restituído a lei e a ordem e apaziguado as disputas políticas regionais, anistiava os revoltosos, demonstrando magnanimidade com aqueles que manifestavam disposição de disputar o poder por meio da ordem legal e constitucional.

Outra questão de Estado que precisava ser abordada rapidamente era a necessidade de assegurar herdeiros no seio da família imperial. Os casamentos de D. Pedro II e de suas irmãs, as princesas Francisca e Januária, tornaram-se o principal assunto político de 1843. A busca por uma esposa para o monarca mobilizou a diplomacia brasileira. A escolha recaiu sobre Teresa Cristina, filha de Fernando II, rei de Nápoles e das Duas Sicílias. Ela era descrita como uma "princesa bonita, bem educada e de linhagem ilustre (Bourbon)". D. Pedro II ficou encantado com o retrato a óleo da princesa que lhe fora enviado. O casamento foi realizado por meio de procuração em Nápoles, mas a princesa só chegou ao Brasil quatro meses depois, em agosto de 1843. A decepção do jovem monarca com a aparência da noiva foi visível. Em vez da princesa bonita do retrato, com traços finos e cabelo cacheado, o imperador deparou com uma mulher baixa, feia e desajeitada. Procurou consolar-se com as duas pessoas mais próximas: o mordomo e a governanta. Chorando no colo desta última, desabafou: "Enganaram-me, Dadama!". Essa foi a última vez que o monarca deixou sua emoção extravasar diante de uma questão de Estado.

A cerimônia religiosa do casamento do imperador se deu em 4 de setembro de 1843. D. Pedro II não deixou transparecer sua decepção com a feiura da esposa. Ao contrário, na presença dos convidados que lotaram a capela real, mostrou-se bem-humorado. Na intimidade do palácio, porém, dona Teresa Cristina foi aos poucos conquistando a simpatia do imperador com paciência, bom humor e o desejo permanente de lhe agradar. Aos poucos, nascia amizade e afeto entre eles. Ele falava de seus estudos e leituras: ela lhe ensinava italiano e despertava seu interesse por ópera. Em junho de 1844, a imperatriz engravidou e D. Pedro II passou a gostar de "desfrutar da doce companhia" da sua mulher. Em 1845, nasceu Afonso, que morreria aos dois anos; no ano seguinte, a imperatriz deu à luz a princesa Isabel; e depois vieram Leopoldina e Pedro, o filho que faleceu em 1850.

O casamento e os filhos mudaram a vida na Corte. D. Pedro II sentia-se mais seguro, maduro e senhor do seu destino. Tinha assegurado os herdeiros da Coroa e tornou-se mais assertivo na conduta da política. O monarca passou a conviver e a lidar diretamente com os políticos que governavam o Império. A inexperiência política foi compensada pelo extraordinário bom senso, pela conduta exemplar e discreta, seu real interesse pelas questões de Estado, seu discernimento e capacidade de analisar, cobrar e questionar projetos, nomeações e concessões que exigiam sua aprovação.

O fim da revolta de 1842 e a pacificação do Rio Grande do Sul em 1845 serviram de pretexto para o imperador realizar sua primeira grande viagem pelo país. O monarca foi recebido com pompa e festas em todas as cidades por autoridades locais. Havia jantares e recepções de gala, bailes, peças de teatro, missas e "Te Deums" em sua homenagem. Nas ruas, ele era acolhido calorosamente pelo povo durante as visitas e caminhadas de inspeção e fiscalização de escolas, hospitais, fortes, portos e repartições públicas. No Rio Grande do Sul visitou os locais das batalhas travadas durante a Guerra dos Farrapos, encontrou-se com Caxias e foi aclamado pelos gaúchos. Em São Paulo, visitou Sorocaba e Itu, cidades que foram foco da rebelião de 1842. O imperador foi recebido com festas e homenagens, o que ajudou a restabelecer a conciliação entre as elites locais e também entre a província e a Coroa. Na capital, visitou a faculdade de Direito, onde conversou com professores e estudantes, conquistando a simpatia e admiração dos mestres e jovens. José Antonio Saraiva, o futuro conselheiro Saraiva, era estudante de Direito em São Paulo nessa época e deixou o seguinte registro da passagem do imperador pela cidade:

> É afável com todos, dirige-se a qualquer um, faz-lhes perguntas e procura informar-se das menores particularidades. Tem andado a pé como simples cidadão, sem aparato algum. O entusiasmo tem sido grande. É moço, muito vivo e, segundo dizem todos, tem instrução muito superior a sua idade.[4]

Com simplicidade, afabilidade, curiosidade e interesse por conhecer o povo e o país, D. Pedro II conquistou as pessoas, seduziu as elites, restabeleceu a ordem e a paz e reatou os laços com o povo.

Durante os seis meses que passou viajando pelo Sul e Sudeste do país, o monarca se sentiu feliz e confiante. O contato com as pessoas e o calor das recepções nas ruas e nos palacetes fortaleceram sua autoestima, ampliaram sua visão do Brasil e permitiram-lhe conhecer de perto os problemas, as aspirações e as demandas dos seus súditos. Longe das intrigas políticas e do casulo da Corte, o imperador compreendeu melhor o país e o povo. Da mesma maneira, os brasileiros conheceram melhor o imperador. O monarca tornou-se visível, querido e venerado por seu exemplo, pela dignidade e cumplicidade com as pessoas. As impressões dessa primeira viagem lhe deram a coragem e a determinação para desmantelar o núcleo de poder instalado na Corte desde a sua infância. Ele tinha vinte anos e estava determinado a tomar as rédeas do poder e tornar-se o timoneiro da nação.

---

[4] LYRA, Heitor. *História de D. Pedro II*. São Paulo: Edusp, 1977. v. 1. p. 145.

Em março de 1846, D. Pedro II estava de volta à Corte, disposto a encerrar o reinado de seus tutores e conselheiros. O afastamento das pessoas próximas do imperador coincidiu com um ato importante de institucionalização política. Em julho de 1847, foi criado o Conselho de Ministros. Surge a figura do presidente do Conselho, que assume a função de primeiro-ministro. Apesar de ser responsável pela chefia do governo, pela escolha dos membros do seu gabinete e pelo êxito ou derrota dos projetos do ministério no Parlamento, o presidente do Conselho continuava a ser nomeado e demitido pelo imperador. D. Pedro II não pretendia abrir mão do seu poder de indicar o chefe do governo, muito menos transferir essa responsabilidade ao Parlamento. Sempre preferiu as soluções graduais às mudanças bruscas. Essa primeira experiência parlamentarista consistia em testar a capacidade do primeiro-ministro de formar sua equipe, responder às pressões do Parlamento e conquistar a confiança do monarca.

Os liberais foram os primeiros a ocupar a presidência do Conselho. Não tiveram muito sucesso. Em pouco mais de um ano, o comando do governo mudou três vezes. O conselheiro Manuel Alves Branco, visconde de Caravelas, estreou no cargo em agosto de 1847 e teve de renunciar em maio de 1848. Ele havia sido o corajoso ministro da Fazenda que acabara com o privilégio dos ingleses de gozar da tarifa preferencial sobre os produtos que exportavam para o Brasil desde a época da independência. Os produtos ingleses pagavam apenas 15% de imposto, enquanto os de outras nações pagavam 30%. Esse privilégio foi concedido porque os ingleses tinham sido um importante aliado de Portugal e do Brasil. A Inglaterra ajudou a família real portuguesa a fugir para o Brasil em 1808, apoiou a luta pela independência em 1822 e sua marinha colaborou para a preservação da defesa do país e da política de livre-comércio, iniciada por D. João VI quando foi promulgada a abertura dos portos brasileiros. Alves Branco considerou que quase quatro décadas de tarifas preferenciais foram suficientes para compensar os ingleses por seus serviços. A situação dramática das finanças públicas brasileiras não permitia ao país arcar com o custo da manutenção de tal privilégio. Com a não renovação do tratado, o imposto sobre produtos ingleses dobrou. Essa medida ajudou a aumentar substancialmente a receita do governo e a incentivar a criação das primeiras indústrias nacionais. Irineu Evangelista de Souza, o futuro barão de Mauá, se aventurou a construir o primeiro estaleiro nacional. Em retaliação, a Inglaterra apertou a fiscalização e o confisco de navios brasileiros que comercializavam escravos. Assim, a Inglaterra atingia um dos pilares da economia brasileira. Essa foi a primeira crise diplomática do Segundo Reinado.

A crise com a Inglaterra colaborou para derrubar o governo Alves Branco, mas o fato que mais contribuiu para a queda dos dois governos que o sucederam – de José Carlos Pereira de Almeida Torres, visconde de Macaé, e Francisco Paula Souza – foi a falta de firmeza dos liberais em sufocar a revolta Praieira que eclodira em Pernambuco em 1848. A derrota dos liberais nas eleições pernambucanas e a destituição do presidente da província pelo imperador geraram as manifestações violentas que marcaram as revoltas do período regencial. O imperador exigia que o governo combatesse duramente os rebeldes, restabelecesse a ordem na província e voltasse sua atenção para as reformas institucionais do Império. Cansado da hesitação de Paula Souza em combater duramente a revolta Praieira e os liberais "exaltados", D. Pedro II demitiu o governo e escolheu um velho conservador, o marquês de Olinda, para assumir o cargo de primeiro-ministro.

A volta dos conservadores ao poder em 1848 foi um marco importante do Segundo Reinado. Trata-se do momento em que D. Pedro II assume as rédeas do Estado e da conduta política. Ele passa a exercer o poder com todo vigor. Demite gabinetes, escolhe o primeiro-ministro e utiliza suas prerrogativas de chefe de Estado para promover o rodízio dos partidos no poder. A demissão de Paula Souza e a escolha do marquês de Olinda inauguram esse período. Não se trata apenas de simples mudança no comando do governo. A demissão representa também a substituição do Partido Liberal pelo Conservador. Como vimos, a alternância dos partidos implica uma mudança substancial no exercício do poder, na distribuição de cargos e favores, no controle do processo eleitoral e no domínio dos governos locais.

Perder o poder significa permanecer no limbo da oposição e ver decepada a chance de vencer as eleições, de governar e de sobreviver num ambiente em que o partido da situação conta com a máquina do governo para se perpetuar no poder. Os liberais perderam a confiança do imperador porque abusaram do uso indiscriminado da máquina governamental para reverter as suas derrotas eleitorais. Nas palavras do historiador Heitor Lyra, D. Pedro II estava

> farto das revoluções que os liberais provocavam, sempre que o poder lhes fugia das mãos ou que a política do governo não correspondia às suas vistas ou aos seus interesses. A índole pacífica do imperador, seu respeito à lei e às garantias constitucionais, sua moderação e bom senso não podiam deixar de reprovar tais processos de violência, que tanto concorriam para a desmoralização e decomposição do regime.[5]

Não é à toa que os liberais, "apeados do poder, voltaram-se violentamente contra o imperador. Acusaram-no de tê-los enxotado dos

---
[5] Ibid., p. 156.

conselhos da Coroa. Foi talvez a primeira acusação que se fez e tantas vezes repetida contra o poder pessoal, contra o imperialismo do monarca".[6] Durante seu reinado, D. Pedro II foi acusado por conservadores e liberais de ser despótico para promover a alternância dos partidos no poder. De fato, somente o imperador tinha capacidade de se colocar acima das disputas partidárias, das fraudes eleitorais e do uso da máquina pública e promover tal rodízio. D. Pedro II usava o Poder Moderador como instrumento de educação da elite e da opinião pública. No seu diário pessoal, deixou registrado: "Não sou de nenhum dos partidos para que todos apoiem nossas instituições; apenas os modero, julgando-os indispensáveis para o regular andamento do sistema constitucional".

A batalha do imperador para reformar os modos e os costumes políticos demonstra como é difícil promover mudanças de comportamento e de cultura, mesmo quando se tem vontade política. Ao destituir os liberais em 1848, o imperador sinalizou que não pretendia continuar a tolerar a manipulação das leis e do processo eleitoral pelos partidos. O respeito ao veredito das urnas era um dos pilares fundamentais da credibilidade da monarquia constitucional. D. Pedro II acreditava que a ordem política e a legitimidade da monarquia só seriam asseguradas por meio do fortalecimento das instituições e do respeito às leis. A reputação das instituições é determinada pelo grau de transparência e de lisura de suas regras, pelo respeito e independência de suas decisões, pela eficácia e celeridade de suas resoluções e pelo reconhecimento voluntário da população de suas virtudes e legitimidade. O uso do poder discricionário do Poder Moderador era visto pelo imperador como solução temporária para promover a alternância dos partidos no poder, até o Parlamento aprovar as reformas necessárias para criar um sistema

---

[6] Ibid.

eleitoral capaz de produzir eleições livres e limpas. Para ele, dois pilares do bom funcionamento das instituições eram o sistema eleitoral e a liberdade de imprensa:

> A nossa principal necessidade política é a liberdade de eleição; sem esta e a de imprensa não há sistema constitucional na realidade, e o ministério que transgride ou consente na transgressão deste princípio é o maior inimigo do Estado e da monarquia.

D. Pedro II foi defensor ferrenho da liberdade de imprensa e criticava duramente políticos que tentavam coagir jornais críticos do governo. O imperador era frequentemente atacado e satirizado.

> A *República* e *Revista Illustrada*, de Ângelo Agostini, satirizavam o físico do monarca, chamando-o de Rei Caju, por causa do seu queixo projetado para a frente, criticavam-lhe as viagens, ridicularizavam sua mania de sábio e títulos que recebia. No período em que o diabetes causava sonolência no imperador (quando já estava mais velho), Agostini se deliciava em representá-lo dormindo nas reuniões ministeriais. Se anteriormente era criticado por excesso de poder pessoal, se tornara Pedro Banana.[7]

Tal liberalidade chocava brasileiros e estrangeiros, que consideravam a tolerância do imperador aos ataques à sua imagem e à monarquia como excessiva e prejudicial ao esforço de manter um mínimo de respeito à Coroa e a ele próprio. Mas D. Pedro II acreditava que a imprensa livre, mesmo que às vezes se excedesse nas críticas e sátiras, possibilitava a melhor maneira de conhecer a opinião dos súditos sem

---

[7] CARVALHO, José Murilo de. *D. Pedro II*, op. cit., p. 85.

os filtros e as adulações que cercavam os comentários daqueles que frequentavam a Corte.

O mesmo grau de liberdade existia no Parlamento, onde a oposição atacava o governo, cobrava medidas e denunciava os malfeitos do ministério. O imperador acreditava que a liberdade de expressão era o principal instrumento do exercício do debate democrático, do amadurecimento das instituições e da responsabilidade de governar, cobrar e fiscalizar os governantes. Para D. Pedro II, não havia antídoto melhor contra os desmandos, as falcatruas, o nepotismo e o desgoverno praticados por maus servidores públicos do que o livre debate de ideias e de opiniões no Parlamento e na imprensa. Nada o irritava mais do que descobrir, durante suas inspeções nas repartições públicas, a ausência do senso de dever, de compromisso e de mérito no trato da coisa pública. Na sua visão, "a falta de zelo, a falta de sentimento de dever é o nosso primeiro defeito moral". O imperador enviava bilhetes, convocava ministros para lhe darem explicações e exigia punições aos maus servidores. A morosidade do Parlamento em aprovar leis e a ineficiência da Justiça o exasperavam.

> Perguntando-lhe o presidente da Câmara, visconde de Camaragibe, como se poderia obter mais trabalho da Casa, o imperador respondeu que "trabalhassem como outros faziam, oito e mais horas por dia, de manhã e à tarde". Sobre a magistratura disse ao (primeiro-ministro) visconde de Sinimbu: "a primeira necessidade da magistratura é a responsabilidade eficaz e enquanto alguns magistrados não forem para a cadeia, como certos prevaricadores muito conhecidos do Supremo Tribunal de Justiça, não se conseguiria este fim".[8]

---

8 Ibid., p. 83.

Para D. Pedro II, o exercício das liberdades política e de expressão contribuía para a propagação dos valores cívicos, do debate de ideias, da transparência na conduta dos negócios de Estado e do amadurecimento do espírito público. O imperador entendia que essas liberdades ajudariam a fortalecer a legitimidade do governo e das instituições perante a opinião pública e inocular o senso de responsabilidade pública na classe política. D. Pedro II nunca acreditou nos fundamentos da visão absolutista de que o poder lhe fora outorgado por Deus. Era um dos raros monarcas que tinha plena consciência de que a legitimidade do sistema político advém da aceitação voluntária da maioria das pessoas e não do poder divino ou do desejo e da "sabedoria" de uma elite de iluminados. É possível que a experiência traumática da sua infância – marcada pela abrupta renúncia ao trono por seu pai e pela sua criação como "órfão da nação" – tenha colaborado para seu repúdio ao voluntarismo pessoal, que costuma ditar a ação de governos despóticos e absolutistas.

A construção de um país liberal e constitucional requer profunda mudança cultural. Significa aceitar o contrato social entre governantes e governados, respeitar as regras e os limites do poder estabelecido pela Constituição e compreender que ninguém – nem o rei – está acima da lei. D. Pedro II acreditava que o enraizamento da monarquia liberal e constitucional no Brasil dependia da atuação exemplar do imperador como uma espécie de cidadão-modelo, um estadista capaz de governar o país respeitando a Constituição, aceitando o veredito da maioria dos seus súditos e conduzindo as mudanças e as reformas por meio das instituições.

Na visão do imperador, o monarca constitucional e liberal precisava criar rigorosa disciplina de conduta pessoal e moral, pois sabia que seu comportamento e atitudes serviriam de exemplo e de referência para os súditos. O monarca aprendera a controlar os sentimentos e a sacrificar os interesses pessoais em detrimento dos interesses do Estado. Reinar exigia um gigantesco sacrifício pessoal, que só se tornava suportável porque D. Pedro II fora pautado pelo senso de dever, pela busca da virtude e pela disposição de viver plenamente sua missão de construir um país liberal e constitucional. Assim como os filósofos estoicos (filósofos gregos que defendiam a austeridade de caráter e rigidez moral), ele aprendeu a sublimar as quatro virtudes cardinais – a sabedoria, a coragem, a moderação e a justiça. Elas o ajudavam a tolerar o fardo de conviver com dificuldades, frustrações e desafios de governar o país. Se a crença nas virtudes estoicas colaborou para transformar o imperador em figura exemplar e estadista virtuoso, ela dificultou sua compreensão das ambições dos indivíduos que duelavam pelo poder. D. Pedro II considerava os interesses partidários como algo vil, mesquinho e egoísta. Não entendia como interesses político-partidários poderiam se sobrepor às decisões de Estado. Queria que seus ministros se colocassem acima dos interesses partidários e agissem como estadistas capazes de salvaguardar os interesses de Estado. Esperava que os homens públicos fossem guiados pelo mesmo senso de dever público, de sacrifício pessoal e de conduta exemplar na administração do Estado que ele exigia de si próprio. A virtude política consiste na tradução de valores e princípios em leis e decisões governamentais. O resto era política rasa, imediatista, interesseira e facciosa, que prejudicava o fortalecimento das instituições, corroía a credibilidade do governo e minava a legitimidade das leis e da Constituição.

Poucos políticos estavam dispostos a seguir o modelo de estadista que D. Pedro II havia concebido. As exigências, as demandas e as cobranças do imperador transformaram o convívio dos ministros com o monarca numa tarefa difícil e penosa. Apenas um grupo restrito de estadistas passou pelo crivo do imperador e ganhou sua confiança. A esses poucos privilegiados, D. Pedro II delegou missões políticas importantes do Império, reservou os cargos proeminentes, transformando-os em seus conselheiros pessoais. Esse grupo começou a se formar em 1848, quando o imperador passou a governar o país por meio do Conselho de Estado e do presidente do Conselho, indicado por ele. D. Pedro II criou uma verdadeira confraria de estadistas durante seu reinado. Havia os decanos, que faziam parte da geração da Regência, como o duque de Caxias (Lima e Silva), o visconde de Uruguai (Paulino Souza) e os quatro marqueses – de Olinda (Araújo Lima), de Monte Alegre (Costa Carvalho), do Paraná (Honório Hermeto) e de São Vicente (Pimenta Bueno). Em seguida, vieram os estadistas do Segundo Reinado: os barões de Cotegipe (Wanderley) e de Uruguaiana (Silva Ferraz), os viscondes de Rio Branco (Paranhos) e de Sinimbu (Cansanção de Sinimbu), o marquês de Paranaguá (Lustosa Paranaguá), o conselheiro Saraiva, o senador Dantas e Zacarias de Góes e Vasconcelos. Havia também um pequeno grupo de amigos do imperador com quem ele tinha conversas reservadas e fazia confidências. Mas havia uma regra não escrita a ser respeitada: aos amigos, eram vedados cargos ministeriais. Faziam parte desse grupo o visconde de Bom Retiro (Couto Ferraz), o barão de Penedo (Carvalho Moreira) e a condessa de Barral (Luiza Barros Portugal).

A trajetória dos estadistas do Segundo Reinado seguiu um padrão de formação política. Iniciava-se nas faculdades de Direito em São Paulo e no Recife, onde a elite do país estudava e forjava as amizades e as alianças pessoais que moldavam os negócios, os casamentos e as lealdades políticas e partidárias. Em seguida, passava pelo aprendizado prático da vida política, pelo exercício de cargos administrativos – como juízes de comarca e presidentes de províncias. Zacarias de Góes e Vasconcelos, por exemplo, presidiu as províncias do Piauí, de Sergipe e do Paraná; Silva Ferraz (Uruguaiana), as do Rio Grande do Sul e de Minas Gerais; Saraiva comandou as províncias do Piauí, de Alagoas, São Paulo e Pernambuco. A presidência das províncias permitia à elite conhecer melhor os problemas e as questões regionais que pautavam a política nacional. Dava a seus ocupantes boa dimensão dos desafios de governar um país continental e a oportunidade de se aprimorar a habilidade para administrar as questões de Estado.

A experiência adquirida na administração pública era complementada com a atuação no Parlamento. Todos os estadistas tinham de passar pelo teste das urnas e pela experiência parlamentar. O aprendizado das campanhas políticas e o engajamento nos debates na Câmara dos Deputados e nos confrontos partidários ajudavam-lhes a polir a arte de comunicar, persuadir, influenciar e construir alianças, revelando-lhes o caráter, os valores e princípios que constroem ou destroem a fama e a reputação dos indivíduos na arena política, testando-lhes a capacidade de enfrentar obstáculos, de lidar com as conquistas e vitórias, mas também com as feridas e derrotas adquiridas nos embates políticos. O imperador acompanhava de perto os passos dos estadistas do Império. Ele os nomeava para presidir as províncias e avaliava o desempenho de cada um em lidar com as questões locais. Seguia cuidadosamente a trajetória parlamentar desse grupo, seus discursos, suas causas e suas lutas. Depois, testava-os em cargos ministeriais e, finalmente, entregava os cargos nobres da política para aqueles que passassem com êxito por essas provas e conquistassem sua confiança: uma cadeira no Senado, um assento no Conselho de Estado ou o cargo de primeiro-ministro (presidência do Conselho).

O Senado era a instituição que assegurava a estabilidade política, garantia a discussão serena das questões, desidratando-as do embate partidário, ideológico e eleitoreiro travado na Câmara. Como dizia o visconde de Taunay, "ser senador constituía o supremo anelo dos homens do antigo regime". A cadeira no Senado era vitalícia e seus ocupantes eram escolhidos pelo imperador a partir de uma lista tríplice. Os senadores serviam também como principal reserva de estadistas da nação. No Senado, estava a maioria dos presidentes e membros do Conselho de Estado, ministros, presidentes de província e homens de confiança do imperador. D. Pedro II transformou o Senado na tribuna dos estadistas que o ajudavam a preservar os pilares da monarquia constitucional, o bom funcionamento das instituições, a credibilidade da Constituição e o prestígio da Coroa.

Se o Senado era a assembleia das figuras notáveis da política imperial, o Conselho de Estado reunia o núcleo duro do poder. Esse era o foro reservado para o debate em torno dos temas políticos, jurídicos, constitucionais e administrativos do país. Participavam do Conselho pessoas de confiança do imperador e representantes de interesses e de opiniões diversas sobre as questões de Estado. Havia uma saudável mescla de parlamentares, estadistas, juristas, militares e homens de negócios debatendo os temas nacionais, como a reforma eleitoral, os conflitos de jurisdição e de interpretação da Constituição, a política externa, os tratados comerciais, a abolição da escravidão, a reforma do ensino, os gastos públicos e as finanças do Estado, entre outros temas. D. Pedro II prezava a diversidade de opiniões e sempre a considerou um ingrediente vital para avaliar de maneira criteriosa o contexto político e as proposições que lhe eram apresentadas. A diversidade de opiniões o ajudava a manter a lucidez política.

As atas do Conselho de Estado servem de guia para compreender os assuntos prioritários que pautavam o debate nacional. Elas revelam o imperador exercendo seu poder e sua influência em busca do consenso político, mas também retratam suas derrotas. É possível ver o imperador exasperado com a resistência do Conselho em tratar com diligência temas que lhe eram caros: a abolição da escravidão, a reforma eleitoral que garantisse eleições livres e limpas, a melhoria da qualidade da educação pública para todas as camadas da sociedade – inclusive para os negros libertos – e a institucionalização da meritocracia no serviço público. O imperador considerava essas medidas essenciais para o fortalecimento dos pilares do governo constitucional, das liberdades individuais e do espírito cívico. A fonte de sua irritação e desgosto com os conselheiros e ministros advinha do vício de colocarem os interesses políticos e partidários acima dos interesses da nação.

A primeira batalha do governo contra a escravidão retrata bem esse dilema. Cansados de ver o governo brasileiro negligenciar suas obrigações e promessas em combater o tráfico de escravos, o Parlamento britânico aprovou a Lei Aberdeen em 1845, deflagrando a repressão ostensiva do comércio negreiro. Navios dos traficantes brasileiros podiam ser abordados, sua carga confiscada e sua tripulação julgada de acordo com as leis britânicas, caso as embarcações fossem capturadas traficando escravos. Essa medida radical foi tomada porque o combate ao tráfico no Brasil era "para inglês ver" (a expressão tem origem nessa época), isto é, os governantes fingiam combatê-lo, mas na realidade nada faziam para reprimi-lo. De fato, o comércio de escravos triplicou nesse período: "de cerca de uns vinte mil escravos por ano, o número de escravos entrados no Brasil subiria a 50 mil em 1846, a 56 mil em 1847, a 60 mil em 1848 e a 54 mil em 1849".[9]

Curiosamente, os principais conselheiros e ministros concordavam com o desejo de D. Pedro II de extinguir o tráfico, mas temiam as consequências políticas e econômicas dessa medida. O marquês de

---

[9] LYRA, Heitor, op. cit., v. 1. p. 165.

Monte Alegre, presidente do Conselho, era favorável à extinção do tráfico, porém, não achava possível superar as resistências políticas que existiam nos partidos, no Parlamento e na sociedade. Segundo o marquês, o tráfico era um mal necessário com o qual tínhamos de conviver para sustentar uma sociedade viciada em escravos (ver o capítulo sobre Joaquim Nabuco). A opinião de Monte Alegre representava a crença da maioria dos políticos. A extinção do comércio negreiro era desejada, mas politicamente inviável. Pressionado entre a humilhação de ver a Marinha britânica adentrar os portos brasileiros, confiscar, prender navios negreiros e fazer cumprir a lei no Brasil, o governo finalmente se rendeu e aprovou a Lei Eusébio de Queirós, em 1850. Essa era a nossa versão da Lei Aberdeen; só que dessa vez ela não seria "para inglês ver". De fato, o imperador encontrou na lei inglesa um ótimo pretexto político para sepultar o fim do tráfico de escravos – algo que desejava há muito tempo, mas que os governantes não tinham coragem de combater.

A reação à aprovação da Lei Eusébio foi imediata. Ela rachou os partidos, dividiu a oposição e aumentou a pressão dos traficantes para que não fosse cumprida. Os opositores da lei acusavam o governo de ter sucumbido ao ultimato do governo inglês, o que demonstrava a fraqueza da nossa soberania e independência política. Alegavam que ela arruinaria a economia brasileira, prejudicaria a lavoura e afetaria a principal fonte de mão de obra do Império, e, por fim, demandavam a cabeça do presidente do Conselho e a queda do ministério. D. Pedro II não se dobrou às pressões. O imperador era o guardião da nação, e não o zelador de grupos de interesse. Deixou claro que não se curvaria aos interesses mesquinhos dos partidos e dos traficantes. Manteve no poder o gabinete que aprovou a lei e permaneceu firme na sua decisão de fazê-la cumprida e respeitada.

O fim do tráfico representava também a perda de um lucrativo investimento para muita gente. O comércio de escravos não era um bom negócio apenas para uma dezena de grandes traficantes. Havia vários sócios e cotistas que participavam dos ganhos. Os traficantes transformaram o comércio negreiro num empreendimento rentável para seus investidores. Cada viagem em busca de escravos transformou-se num fundo de investimento em que pessoas compravam cotas. Era um investimento de curto prazo, boa liquidez e alta rentabilidade, o que atraía uma enorme quantidade de pequenos e grandes investidores. Ministros de Estado, grandes fazendeiros, pequenos comerciantes, funcionários públicos e até viúvas que viviam de renda investiam nas expedições negreiras. O tráfico tornou-se o negócio mais rentável do Império. Se não houvesse percalços durante a travessia do Atlântico, o investimento poderia render até 50% em apenas três meses.[10]

Liderança não se mede pelo grau de popularidade do líder, mas por sua capacidade de promover mudanças de cultura e de comportamento na sociedade que contribuam para a defesa das liberdades individuais e para o fortalecimento do Estado de Direito e das instituições democráticas. Não se trata de uma tarefa fácil. As pessoas relutam em aceitar mudanças que exigem a renúncia de certos "direitos" e privilégios que lhes são caros. A principal tarefa do líder é guiar a sociedade nesse processo de mudança de crenças, de hábitos e de atitudes. Mudanças transformadoras geram perdas, descontentamento e protesto num primeiro instante, mas são posteriormente reconhecidas e aplaudidas como medidas boas e necessárias para a sociedade. O imperador estava ciente do risco da luta pelo fim da escravidão, mas não hesitou em enfrentá-lo, mesmo ao custo de perder o trono. De fato, a emancipação dos escravos foi um dos principais motivos que levaram à queda da monarquia em 1889.

---

[10] Jorge Caldeira trata muito bem desse tema em *A nação mercantilista*. São Paulo: Editora 34, 1999.

O processo lento e gradual da erradicação da escravidão no país inicia-se com a aprovação da Lei Eusébio de Queirós, em 1850. Ela abre o caminho para a Lei do Ventre Livre, a Lei Dantas (ou dos Sexagenários) e, finalmente, para a Lei Áurea, em 1888. O processo de aprovação dessas leis incendiou o debate político nos jornais, nas ruas, no Parlamento e no governo, desestabilizou governos, provocou violentos embates políticos e eleitorais e revelou as dificuldades e os traumas da nação para sepultar a escravidão. Com paciência, mas determinação, D. Pedro II optou pelo caminho das reformas graduais para livrar o país do trabalho escravo.

Ao contrário do que os opositores da Lei Queirós alegavam, a repressão ao tráfico não arruinou a economia nacional. Ao contrário, ela ajudou a promover o maior surto de crescimento da economia do período monárquico. O dinheiro que financiava o comércio de escravos voltou-se para o financiamento do crescimento da economia doméstica, gerando uma verdadeira enxurrada de capital em busca de investimentos na indústria, no comércio e na agricultura. Essa foi a "Era Mauá", referência ao barão capitalista que aproveitou os recursos disponíveis no mercado interno para atrair investidores para seus projetos pioneiros. Em apenas dois anos, o barão de Mauá criou um império que compreendia um banco (Banco do Brasil), uma companhia de navegação fluvial no rio Amazonas, uma companhia de estradas de ferro e uma empreiteira que construiu portos no Rio de Janeiro e em Santos. O progresso transformou o Império. Nesse período, surgem a telegrafia, a iluminação a gás e constrói-se a estrada de ferro que liga o Rio de Janeiro a Petrópolis, cidade onde o imperador e a Corte se instalavam durante o verão. A exportação de café triplicou, e o Brasil ingressou numa era ímpar de paz e de prosperidade. Graças ao aumento expressivo das exportações de café e da arrecadação de impostos, o Brasil conseguiu equilibrar – pela primeira vez na história – as contas públicas. Infelizmente, o país não soube aproveitar esse período de bonança para criar os alicerces capazes de assegurar o crescimento econômico sustentável.

Perdemos a oportunidade de incentivar o desenvolvimento da indústria, o livre-comércio, a criação de um sistema financeiro sólido e um mercado de capitais capaz de aceitar os prêmios e os riscos de financiar projetos pioneiros e negócios inovadores. Desperdiçamos a chance de ter transformado a "Era Mauá" numa nação de Mauás, isto é, num país de empreendedores que colaborassem para aumentar a inovação, a diversificação e a competitividade da economia brasileira. Sem o respaldo do imperador, o império de Mauá e a brisa de livre iniciativa foram dilacerados pela desastrosa política econômica da monarquia. O intervencionismo estatal, ditado por uma casta de parasitas que vivia à custa dos favores do Estado, do crédito público subsidiado e da distribuição de concessões públicas, fez questão de punir os empreendedores, os consumidores e os produtores de riqueza da nação, sob a alegação de que seus interesses econômicos conflitavam com os interesses do "bem comum".

O Brasil continuou a incorrer nos erros e vícios que arruínam o potencial de crescimento e de prosperidade de uma nação. A mentalidade mercantilista prevaleceu sobre os princípios do capitalismo. O primeiro mandamento da cartilha mercantilista é interpretar a lei da oferta e demanda como uma peça de ficção a ser manipulada pelo Estado a fim de extrair benefícios da iniciativa privada para a sociedade e para o governo. Leis, regras e tratados podem ser violados e alterados à revelia das partes envolvidas, quando o governo acredita que tal violação é justificável em nome do "bem comum".

O segundo mandamento afirma que a liberdade econômica é uma ideia nefasta, que produz uma espécie de libido insaciável por riscos, o que gera instabilidade não só no mercado como também na ordem política e social. O livre-comércio incita a concorrência, a competitividade e a disputa incontrolável por negócios, ideias e inovações que fogem do controle do Estado, ameaçando a estabilidade política, econômica e social. O antídoto contra esse mal seria criar um Estado regulador, intervencionista e suficientemente forte para confiscar, expropriar e intervir em atividades privadas, de forma a limitar a ambição dos produtores de riqueza e a avareza dos consumidores.

O terceiro mandamento mercantilista recomenda empregar o poder do governo para limitar a liberdade econômica e instituir o capitalismo de Estado. O temor do triunfo de um homem de negócios independente, capaz de enriquecer por seus próprios méritos – como foi o caso do barão de Mauá – representa uma ideia aterrorizadora para o Estado mercantilista. Era fundamental a atuação e a intervenção do governo para conter a "ganância" desses empreendedores e evitar que os "ganhos exorbitantes" e a independência de suas atividades privadas servissem de exemplo para outros aventureiros que desejassem crescer longe da tutela do Estado. No vocabulário mercantilista, empresário bom é aquele que cresce com a ajuda do Estado, é dependente dos incentivos do governo e aceita pacificamente a lógica intrínseca da relação de troca de bens materiais e de favores políticos que rege a relação entre a esfera pública e a privada.

Não é de estranhar que essa mentalidade mercantilista tenha arruinado, em pouco tempo, os frutos da bonança econômica. O capitalismo de Estado insuflou a inflação por meio do aumento irresponsável do gasto público e da incapacidade de se criar o arcabouço institucional que assegurasse a germinação do livre comércio, do espírito empreendedor, do crescimento do investimento e do florescimento do mercado interno. O Brasil mergulhou num longo período de estagnação econômica. No início do século XIX, o PIB - Produto Interno Bruto brasileiro, ou seja, a soma de toda a riqueza produzida no país durante um certo período, era equivalente ao dos Estados Unidos, mas, quando a monarquia foi derrubada, o PIB americano era seis vezes maior.

A ignorância do imperador em relação à política econômica teve profundo impacto na nação. D. Pedro II não conseguiu livrar o país da cultura mercantilista que ditava a política econômica. Não despertou para o fato de que o rápido crescimento da economia no início de 1850 poderia ter se transformado numa poderosa arma política. Os empreendedores brasileiros – os nossos Mauás – seriam os melhores aliados na cruzada do imperador pela institucionalização da democracia e pela quebra do monopólio político de uma elite viciada nas benesses do Estado. Não compreendeu a importância da economia como fator fundamental para promover mudanças institucionais na política. Para fazer justiça ao imperador, a história do Brasil revela, como se verá mais adiante neste livro, que apenas dois presidentes da República – Campos Salles e Fernando Henrique Cardoso – entenderam que o crescimento econômico sustentável e a gestão eficaz das finanças públicas são fatores determinantes para promover as reformas institucionais e fortalecer os pilares do regime democrático.

O desinteresse por assuntos econômicos era uma característica que D. Pedro II compartilhava com a maioria dos estadistas do século XIX. A visão da época consistia em tratar a política como atividade nobre, enquanto a economia era um assunto técnico e de menor importância. D. Pedro II era a personificação do espírito da sua época. A economia lhe parecia um tema árido, pouco interessante e sem muita correlação com o destino da política; uma força misteriosa e não muito compreensível regida pela "mão invisível" do mercado. Ele acreditava que as reformas políticas dependiam fundamentalmente de virtudes pessoais do estadista: conduta exemplar e ética; coragem e determinação para atuar como moderador imparcial dos diversos interesses conflitantes da sociedade; sabedoria e senso de dever para agir como guardião do bom funcionamento das instituições, das leis e dos princípios constitucionais, e capacidade de conter seus impulsos pessoais e disciplinar suas paixões para não perder de vista o sentido de missão que deve balizar a conduta e as ações na vida pública. Essas virtudes pareciam-lhe indispensáveis para suportar o pêndulo do destino que pendia ora para a bonança e a popularidade, ora para a crise e a impopularidade.

Na década de 1850, o pêndulo movia-se em direção à bonança e à popularidade. O momento favorável da economia e a vitória das tropas brasileiras na Guerra do Prata impulsionaram a popularidade do imperador. O êxito militar contra o ditador argentino Juan Manuel Rosas revelou a essência da política externa do Império: preservar o *status quo* na América do Sul e conter a ambição de ditadores sul-americanos que almejavam conquistar territórios por meio da guerra. Esse foi o caso de Rosas, que pretendia desviar a atenção do povo argentino dos problemas nacionais, invadindo o Uruguai e "sonhando com a reconstituição do antigo Vice-Reinado do Prata".[11] A única forma de conter o sonho megalomaníaco de Rosas era por meio da intervenção militar brasileira. A atuação das tropas brasileiras foi fundamental para defender a soberania do Uruguai e evitar a invasão do Rio Grande do Sul pelos exércitos argentinos. A vitória militar de 1852 garantiu a independência do Uruguai e mostrou que o Brasil não pretendia explorar as disputas diplomáticas regionais e criar falsos pretextos para atacar seus vizinhos e conquistar novos territórios.

O imperador tornou-se uma figura popular e admirada por

---
11 LYRA, Heitor, op. cit., v. 1, p. 159.

brasileiros e estrangeiros. Sua reputação de monarca virtuoso e cidadão exemplar era reconhecida como o principal pilar da estabilidade política da monarquia. Ele era a figura central que garantia o bom funcionamento do regime, promovia a alternância dos partidos no poder, disciplinava as ambições políticas dos seus ministros e moderava as demandas populares.

O respeito e o carinho pelo imperador eram manifestados nas ruas, nas inspeções às repartições públicas e nas cidades que visitava. Sua fama de monarca sábio, constitucional e exemplar espalhou-se pelo mundo. Na Inglaterra, o periódico *Illustrated London News* escreveu na edição de outubro de 1852:

> Entre os governos republicanos da América do Sul, apenas o Brasil (monárquico) desponta como um país grande e livre; os outros países caíram nas mãos de tiranos ou desmoronaram em pedaços [...]. Na conduta do governo, D. Pedro II demonstra bom senso, prudência, sagacidade e firmeza.

Um cronista americano explicava aos seus conterrâneos o perfil do imperador:

> É raro na história das nações encontrar um monarca capaz de combinar um legítimo escrúpulo com respeito aos princípios constitucionais e aos limites do poder e, ao mesmo tempo, cultivar o respeito dos seus súditos e a admiração do mundo por seu talento e conhecimento das ciências e da literatura. Esta combinação rara é encontrada em D. Pedro II.[12]

---

[12] BARMAN, Roderick. *Citizen Emperor: Pedro II and the Making of Brazil*. Redwood City, CA: Stanford University Press, 1999. p. 160-161.

O ano político de 1852 encerrou-se com um magnífico baile na Corte, onde "compareceram 548 senhoras e 962 cavalheiros". O baile marcava o fim do ano legislativo e reunia a elite do Império, antes de senadores e deputados entrarem em recesso. Os eventos festivos na Corte não se esgotavam no prazer da reunião social. Eles também contribuíam para criar rituais, símbolos, tradições e valores que constituem a identidade nacional de um povo. Serviam também como instrumentos de educação, civilidade, decoro, deferência, cortesia e etiqueta, que formam o arcabouço do código formal e informal que padroniza o comportamento de uma elite que precisa ser preparada e instruída para cumprir seu dever público e sua missão civilizadora na sociedade.

D. Pedro II compreendia que a civilização consiste em criar uma sociedade em que os cidadãos sejam livres para se expressar, votar, rezar, pensar, comercializar e mover-se livremente; a riqueza econômica, educacional e cultural seja fruto da inovação, da competição e do progresso das artes e das ciências; o esforço, o talento e o mérito individuais sejam convertidos em negócios, obras de arte e descobertas científicas; prevaleça o Estado de Direito e a propriedade privada seja assegurada pelo cumprimento das leis; a legitimidade do governo resida na livre escolha dos cidadãos e no respeito dos governantes pelos limites constitucionais da ingerência do poder público na vida privada dos indivíduos; e os cidadãos estejam preparados para defender, lutar e até morrer para preservar esses valores e princípios, pois sabem que a liberdade só floresce onde há civilização. Todo inimigo da civilização começa pregando o cerceamento da liberdade em nome do " bem comum".

Esse era justamente o caso de Solano Lopez, o ditador paraguaio que chegou ao poder em 1862, sonhando em se tornar uma espécie de Napoleão III da América do Sul, casar-se com a princesa Isabel e transformar o Paraguai numa potência regional. No dicionário de verbetes dos caudilhos sul-americanos, a criação de uma potência regional implica criar incidentes diplomáticos para guerrear e conquistar territórios. Solano Lopez pensou que poderia contar com o apoio da Argentina e do Uruguai no confronto com o Brasil. Apesar de o presidente da Argentina, general Mitre, cultivar boas relações com o Brasil e com o imperador, a província de Entre Rios era governada por Urquiza, rival político do presidente Mitre e simpatizante de Solano Lopez. O Uruguai também estava dividido. O país sofrera uma breve intervenção militar brasileira em 1864. Fazendeiros brasileiros que possuíam terra na região passaram a ser alvo de ataques e de assaltos em suas propriedades. O Brasil protestou, mas o presidente Aguirre nada fez para defender cerca de 40 mil fazendeiros brasileiros no Uruguai. Quando o general Venâncio Flores pediu ajuda militar e dinheiro ao imperador para conter o presidente Aguirre e restabelecer a ordem, o Brasil enviou uma expedição militar ao Uruguai. Com a ajuda das tropas brasileiras, Venâncio Flores depôs o presidente Aguirre e o Partido Blanco. Solano Lopez pretendia reivindicar a derrota de Aguirre, oferecendo-lhe apoio militar. Mas a aliança do ditador paraguaio com o presidente deposto e o governador rebelde de Entre Rios não prosperou.

Ao optar por um ataque rápido e fulminante, em que o elemento surpresa era vital para o êxito da campanha militar, as tropas de Solano Lopez atravessaram o norte da Argentina para invadir o sul do Brasil. A violação do território argentino levou o presidente Mitre a declarar guerra ao Paraguai e unir-se ao Brasil. Preocupado com o destino do seu país, o Uruguai juntou-se à Argentina e ao Brasil em 1865, constituindo a Tríplice Aliança. A guerra uniu os brasileiros no combate ao ditador paraguaio. O imperador deu exemplo e foi o primeiro a se alistar como voluntário na Guarda Nacional. Pessoas de todas as províncias e classes sociais se alistaram no início do conflito. Filhos de fazendeiros, estudantes da faculdade de Direito, profissionais liberais, escravos e negros livres alistaram-se na Guarda Nacional para defender a pátria. Mas, conforme a guerra foi se prolongando, o entusiasmo esvaneceu e os problemas começaram a se avolumar. A longa guerra sepultou o período de bonança econômica, levando o país a uma gravíssima crise financeira. As despesas públicas dobraram nesse período e a dívida externa cresceu rapidamente. Mais de 50 mil brasileiros morreram na Guerra do Paraguai. As doenças – como o cólera – causaram tantas mortes no Exército brasileiro quanto as batalhas contra os paraguaios.

Do ponto de vista militar, o conflito terminou em dezembro de 1869, quando as tropas brasileiras ocuparam Assunção e Solano Lopez foi obrigado a abandonar a capital, tornando-se um fugitivo. D. Pedro II pediu ao duque de Caxias que o capturasse, mas o militar recusou-se a fazer o papel de caçador de ditador. Para Caxias, o Paraguai havia se rendido e a guerra terminara. A insistência do imperador na captura de Solano Lopez levou Caxias a renunciar ao comando das tropas brasileiras. O imperador confiou a missão a seu genro, conde d'Eu. Em março de 1870, Solano Lopez é finalmente morto após o cabo Chico Diabo tê-lo ferido a lança e, em seguida, baleado quando o ditador recusou-se a se render. D. Pedro II sempre demonstrou absoluta intransigência ao lidar com caudilhos ambiciosos que representavam tudo o que ele menosprezava: tiranos que usavam a força para destruir a liberdade, a paz e violar o *status quo* na região. Não negociava ou fazia concessões para apaziguá-los. A civilização, ele acreditava, não poderia existir com homens da estirpe de Solano Lopez governando as nações. Após a morte do ditador, o tratado de paz com o Paraguai foi assinado em 20 de junho. O imperador escreveu no seu diário: "Firmava-se a civilização na bacia do Prata e tudo devido ao meu Brasil". As instituições políticas que asseguram a existência da liberdade, do Estado de Direito e da civilidade não florescem em nações governadas por caudilhos e ditadores.

O imperador não escondia seu desencanto com a política após a Guerra do Paraguai. A desilusão com as inúmeras resistências que encontrava para abolir a escravidão, promover as reformas eleitorais que assegurassem eleições mais livres e limpas e aprovar as medidas necessárias para transformar a Justiça num poder ágil e eficaz levou-o a períodos de melancolia. Em 23 de julho de 1873, o imperador enviou uma carta a seu amigo, o conde Gobineau (diplomata francês que serviu no Brasil), descrevendo seu humor:

> Sabeis a vida que levo, e a política não é para mim senão o duro cumprimento de um dever. Sinto-o ainda mais no dia de hoje, pois há 33 anos que carrego a minha cruz. Vos asseguro não ter muitas vezes tempo senão para dar, a meus olhos sobretudo, o repouso indispensável.[13]

O imperador confessava ao amigo que governar era um sacrifício; um fardo que só se torna suportável quando o governante aceita com estoicismo, ou seja, rigidez moral, e disciplina seu dever e missão de zelar pelo país, pelas instituições e pela civilização. As viagens pela Europa, Oriente Médio e Estados Unidos, entre 1871 e 1888, atenuaram seu humor e melhoraram sua saúde. Durante as viagens, D. Pedro II tinha a oportunidade de fazer o que gostava: ler, conversar, encontrar escritores, artistas e estadistas; saciar a curiosidade pela história, pelo pensamento e pela cultura dos países, dos povos e das civilizações que visitava. Contudo, quando voltava ao Brasil, encontrava os mesmos problemas e as mesmas dificuldades que lhe causavam dissabores.

---

[13] READERS, *Georges. D. Pedro II e o conde de Gobineau*. São Paulo: Companhia Editora Nacional, 1938.

Um desses problemas foi a ascensão do Exército como força política após a Guerra do Paraguai. Enquanto o duque de Caxias comandava o Exército, os militares exerciam seu papel constitucional de defender a nação e de não se intrometer nas disputas partidárias. Mas, após a morte de Caxias em 1878, a insatisfação dos militares começou a se manifestar de maneira mais contundente. D. Pedro II recusava-se a reconhecer o papel do Exército como força legítima da política partidária. Na sua visão, a essência do governo constitucional consistia na absoluta submissão do poder militar ao poder civil. Para ele, não há espaço para os homens de farda na vida política. Os militares que desejassem ingressar no jogo político precisariam abandonar o quartel. Transformar o Exército em instrumento da política partidária seria inconcebível para um monarca que lutou a vida toda para o fortalecimento do governo constitucional e do Estado de Direito. Mas esse raciocínio parecia preconceituoso para os militares positivistas que se inspiravam nas teses políticas de Auguste Comte, filósofo francês, fundador do positivismo, e no modelo de Napoleão Bonaparte, o herói que inspirou os caudilhos do século XIX e muitos ditadores do século XX.

A insatisfação dos militares brasileiros com seu papel secundário no cenário político incentivou a propagação das ideias republicanas e positivistas entre alguns oficiais. Esses militares republicanos exerceram papel preponderante na queda da monarquia. O descontentamento dos militares somou-se ao dos fazendeiros conservadores que não se conformavam com a atitude do imperador em apoiar o fim da escravidão. D. Pedro II não encontrava respaldo político para aprovar a lei da abolição. Governos e partidos políticos se acovardavam na hora de enfrentar o tema. Joaquim Nabuco compreendeu que era preciso mobilizar o povo e a sociedade para quebrar a resistência política no Parlamento e no ministério. Foram quase vinte anos de luta até a princesa Isabel proclamar a Lei Áurea, no dia 13 de maio de 1888. Quando a lei foi promulgada, o barão de Cotegipe, senador do Império, ao cumprimentar a princesa pela Lei Áurea, profetizou: "A senhora acabou de redimir uma raça e perder o trono".

A profecia de Cotegipe se confirmou no dia 15 de novembro de 1889. Uma revolta militar no quartel serviu de estopim para desencadear um golpe militar que depôs o imperador na madrugada e obrigou a família real a embarcar às pressas para a Europa, a fim de evitar a reação popular contra um ato tão impopular dos usurpadores do poder. No exílio europeu, o imperador recusou a pensão que o governo republicano lhe concedeu. Viveu na Europa com a ajuda de amigos e veio a falecer num pequeno hotel em Paris, em 5 de dezembro de 1891. Depois de sua deposição, nunca se ouviu uma palavra negativa ou comentário crítico do imperador contra o regime republicano. Desejava o melhor para o país, não importava se fosse um governo monárquico ou republicano. Guardou para si o desgosto de ver seu querido Brasil sucumbir ao governo de ditadores republicanos, como foi o caso dos governos militares de Deodoro da Fonseca e Floriano Peixoto.

Uma nação livre e soberana necessita de líderes para transformar princípios constitucionais em instituições, e valores democráticos em políticas públicas. Esse processo é conduzido por estadistas virtuosos, cujo exemplo e conduta pessoal colaboram para institucionalizar boas práticas e costumes que se tornam referência para a nação. Ao contrário da América Latina e seus caudilhos, o Brasil e os Estados Unidos foram as duas únicas exceções que edificaram instituições democráticas e governos constitucionais. Se na Europa esse processo foi fruto de uma longa e gradual transição do poder dos reis para as instituições representativas – como o Parlamento e os governos eleitos pelo povo –, no Novo Mundo, a democracia constitucional se enraizou graças ao talento, à coragem e à determinação de alguns estadistas. Nos Estados Unidos, eles são conhecidos como os *Founding Fathers*; no Brasil, esse processo se iniciou com D. Pedro I e José Bonifácio e consolidou-se com D. Pedro II.

Nos Estados Unidos, os *Founding Fathers* dominaram a política nacional por 41 anos (1776-1817). Durante quatro décadas, lutaram pela independência do país (conquistada em 1776), reuniram-se na Convenção da Filadélfia para elaborar a Constituição (1787) e deram vida aos princípios constitucionais e aos valores democráticos, exercendo o poder e servindo de exemplo para a nação como governantes. De fato, a presidência da República tornou-se monopólio dos *Founding Fathers* nesses anos iniciais de enraizamento das instituições democráticas: George Washington, John Adams, Thomas Jefferson e James Madison comandaram o país até 1817. No Brasil, a institucionalização do governo constitucional foi liderada por D. Pedro II durante seus 48 anos de reinado.

Enquanto os governantes do século XIX se deixavam seduzir por teorias raciais da superioridade da raça branca e procuravam limitar os direitos de cidadania às raças "inferiores", D. Pedro II compreendera que a miscigenação racial no Brasil era uma virtude. Nos Estados Unidos, a questão racial foi preterida pelos *Founding Fathers*. Tornou-se motivo de uma sangrenta guerra civil em 1861 e gerou um verdadeiro *apartheid* social, assegurado por leis raciais – como a proibição de casamento entre brancos e negros –, que perdurou até a segunda metade do século XX. Na América Latina, Simon Bolívar não apenas não escondia seu ódio pelos espanhóis, como também tratava a população indígena como raça inferior, que não merecia gozar dos direitos de cidadania. Sua incompreensão da questão racial e seu autoritarismo político contribuíram para insuflar as revoltas na região, que destruíram seu sonho de unificação da América Espanhola. Em 1830, desiludido com o destino da América Latina e morrendo de tuberculose, Bolívar escreveu uma carta-testamento que se tornou célebre. Dizia que a região era ingovernável e que a melhor alternativa era imigrar. As repúblicas latino-americanas seriam devoradas pelo desgoverno, pelos crimes e pelas tiranias, e seriam reduzidas a tamanha insignificância que nem mesmo os europeus iriam querer nos conquistar novamente.

As visões divergentes do imperador brasileiro e de Simon Bolívar sobre o papel do Estado não se restringiam apenas às distinções entre os sistemas de governo monárquico e republicano. Havia profunda diferença entre as crenças e os valores que inspiraram a formação do Estado na América portuguesa e na espanhola. Bolívar acreditava que a única forma de governar as repúblicas latinas era por meio da criação de um governo centralizado nas mãos de um déspota esclarecido (como ele, claro). D. Pedro II, por sua vez, acreditava que os cidadãos brasileiros tinham não só plena capacidade de escolher seus representantes, gozar da liberdade de opinião e exercer plenamente seus direitos cívicos, como considerava tais direitos e deveres ingredientes fundamentais para conter a avareza, a visão imediatista e as práticas clientelistas da elite governante.

Enquanto Bolívar afirmava que "o povo não está preparado para exercer plenamente" as liberdades democráticas, o imperador acreditava que o problema central não estava na ignorância ou no despreparo do povo para exercer a liberdade, mas na qualidade da elite de exercer o poder. D. Pedro II confiava mais no bom senso da decisão da maioria dos analfabetos e ignorantes do que na esperteza interesseira da maioria da elite. Nada lhe despertava mais desgosto do que se deparar com governantes usurpando o poder para extrair vantagens pessoais ou favorecer amigos, aliados e protegidos. A ausência do senso de dever público dos servidores do Estado e o péssimo hábito de deturpar o papel das instituições e das leis para assegurar o mando político e o poder pessoal dos governantes o irritavam e entristeciam.

D. Pedro II fracassou em reformar os costumes e crenças de uma fatia importante da elite tacanha, mercantilista e caipira que estava próxima do poder. Por trás do verniz civilizador da vida da Corte, havia um espírito mesquinho, interesseiro e oportunista que se manifestava de forma evidente nas teses políticas dos intelectuais positivistas, no republicanismo de militares ressentidos e no revanchismo de fazendeiros inconformados com a abolição da escravidão. Foram os barões do café fluminenses e os ricos comerciantes de escravos que retardaram a abolição da escravidão e que combateram o imperador. Foram os oficiais do Exército que organizaram o golpe republicano e, logo que assumiram o poder, instauraram um regime que nada tinha a ver com os princípios liberais e constitucionais defendidos pelos *Founding Fathers*. Mas o imperador pressentia que tais deslizes seriam temporários. Confiava no Brasil e nos brasileiros, e acreditava que o país encontraria meios de fazer triunfar os valores democráticos. Essa confiança baseava-se no fato de que o amadurecimento do exercício da cidadania e a conversão genuína da fatia boa da elite que abraçara os valores liberais e o respeito pelas instituições venceriam o confronto com a fatia podre da elite corporativista.

Um líder perde o poder quando caminha muito à frente dos seus liderados. D. Pedro II lutou pela institucionalização de um regime democrático e liberal quando ainda se acreditava que a liderança pessoal e carismática era mais importante que as instituições. Tentou edificar uma educação pública de qualidade; foi um grande patrono das artes, da cultura e da ciência; manteve um grau de liberdade de imprensa ímpar no país e no mundo; acreditava genuinamente que a democracia se aprimoraria com o exercício cotidiano da cidadania e da boa governança. Lutou contra as resistências da sociedade para promover mudanças transformadoras, como a abolição da escravidão. Mas as grandes lideranças não são reconhecidas apenas pelos seus feitos; elas são, acima de tudo, veneradas e respeitadas pelo legado que deixaram para as futuras gerações.

O legado de D. Pedro II foi uma bênção para o Brasil. Ele sempre teve perfeita consciência de que sua missão consistia em liderar o processo de consolidação das instituições que garantiriam a perpetuação dos valores liberais e dos princípios constitucionais. O êxito do imperador em usar seu exemplo e poder para institucionalizar o governo constitucional, o espírito cívico, a liberdade de expressão e o Estado de Direito foi fundamental para criar um antídoto contra governos arbitrários e despóticos. Esse espírito liberal, constitucional e civilista havia se enraizado nos corações e mentes dos brasileiros, e não tardou a se rebelar contra os ditadores que se apoderaram do governo após a queda da monarquia.

Prudente de Moraes, Campos Salles e Rodrigues Alves resgataram a República das mãos dos ditadores, dos militares e dos intelectuais positivistas e lhe deram um caráter civilista, liberal constitucionalista e legalista.

4. Prudente de Moraes, Campos Salles e Rodrigues Alves

O trio paulista na presidência da República: a importância da continuidade política para a institucionalização de mudanças

O desespero tomou conta dos republicanos em maio de 1889. Nesse mês, a convenção do Partido Liberal aprovou um programa de governo que contemplava a reforma eleitoral e a introdução do federalismo – a transferência de mais autonomia e poder político para as províncias. Simpático ao programa reformista, D. Pedro II escolheu o visconde de Ouro Preto, chefe do Partido Liberal, para assumir o cargo de primeiro-ministro e implementar as reformas propostas. Os republicanos procuraram conquistar o apoio popular pregando a abolição e o federalismo, mas o Partido Conservador extinguiu a escravidão em 1888, e o Partido Liberal pretendia implementar o federalismo em 1889. Ao ver suas principais bandeiras erguidas pelos partidos monarquistas, os republicanos viram murchar a esperança de conquistar o poder por meio do voto. Resolveram então partir para o golpe de estado. Exploraram habilmente, em jornais, clubes republicanos e militares, o descontentamento do Exército com o imperador. Sabiam que o suporte dos militares era peça-chave para o êxito do golpe.

A tática surtiu efeito. Em 6 de novembro, os republicanos conquistaram o apoio fundamental do marechal Deodoro da Fonseca. Devido ao prestígio no Exército, seu aval ao golpe tinha grande peso político. Eliminava as dubiedades e resistências que ameaçavam dividir os militares no momento da "revolução". No dia 15 de novembro, o marechal Deodoro mobilizou as tropas para derrubar o governo do visconde de Ouro Preto. Na conversa com o primeiro-ministro deposto, Deodoro justificou tal medida para redimir as injustiças e as ofensas sofridas pelo Exército. O marechal, contudo, deixou claro na conversa com Ouro Preto que pretendia falar com o imperador sobre a formação de um novo governo. Mas, por volta das 15 horas, os republicanos dirigiram-se à Câmara Municipal do Rio de Janeiro e proclamaram a República, nomeando Deodoro da Fonseca chefe do governo provisório[1].

Uma república que nasce de um golpe de estado, concebido por republicanos autoritários e militares insatisfeitos, não poderia gerar outra coisa senão desgoverno, desilusão e debilidade institucional. O governo do marechal Deodoro da Fonseca sepultou o governo constitucional, o Estado de Direito e as liberdades cívicas. Os "revolucionários" prometeram expandir a democracia, a igualdade e a liberdade, mas terminaram fechando o Congresso, suspendendo as eleições, censurando a imprensa e instaurando o estado de sítio. A obra de institucionalização de D. Pedro II parecia ter sido dilapidada pelos aventureiros e demagogos que assumiram o poder.

Felizmente, as virtudes da democracia e os valores liberais já faziam parte da geração educada e formada na vida acadêmica, política e social do Império. Prudente de Moraes, Campos Salles e Rodrigues Alves representavam os defensores das liberdades individuais, dos valores

---

[1] Para um relato sobre o golpe republicano e a história dos primeiros governos republicanos, ver Os *virtuosos* (São Paulo: Girafa, 2006), livro que escrevi sobre o período de 1889 a 1906.

cívicos e da tradição legalista que os republicanos constitucionalistas, monarquistas liberais e o próprio D. Pedro II defendiam como o pilar central do regime político no Brasil. Graças a essa geração de estadistas civilistas, legalistas e defensores da liberdade, a República brasileira não sucumbiu ao sistema de governo autoritário concebido por intelectuais positivistas e déspotas militares que assumiram o poder logo após o golpe republicano. O embate crítico entre "liberais e legalistas" e "positivistas e autoritários" ocorreu entre 1890 e 1898. Nessa época, Prudente de Moraes despontou como o líder inconteste na defesa do regime democrático e constitucional.

Em 1890, Prudente trocou o cargo de governador de São Paulo por uma cadeira no Senado. Queria participar do Congresso Constituinte, que fora incumbido de redigir a primeira constituição republicana do país. Fervoroso liberal, democrata e constitucionalista, Prudente acreditava que a melhor forma de frear a república autocrática dos positivistas era por meio de uma constituição liberal e democrática, que limitasse os poderes dos governantes, garantisse as liberdades individuais e criasse instituições que assegurassem a soberania do Estado de Direito. Esse objetivo contrariava os desejos dos dois presidentes militares. Deodoro da Fonseca e Floriano Peixoto acreditavam que o poder arbitrário, o uso da força e o cerceamento da liberdade eram necessários para garantir a ordem republicana antes de o país se aventurar a criar uma república democrática, liberal e constitucional.

Essas duas visões conflitantes agravaram a tensão política entre os poderes Legislativo e Executivo quando os parlamentares elegeram Prudente de Moraes presidente do Congresso Constituinte. Prudente foi claro e objetivo ao revelar, desde o primeiro momento, que a missão do Congresso era dar ao país uma constituição liberal, capaz de restituir a legalidade e frear o avanço das medidas arbitrárias e autoritárias que eram empregadas em nome dos ideais revolucionários da República: "Soltar o demônio da revolução é fácil. O difícil é recolhê-lo. É o que fazemos agora, cumprindo o nosso dever". O cumprimento desse dever tornou-se ainda mais árduo quando Prudente adotou a Constituição dos Estados Unidos como modelo para nortear o debate em torno da Constituição brasileira. Rui Barbosa, aliado de Prudente na Assembleia Constituinte, concordava com a ideia de buscar no exemplo norte-americano a capacidade de síntese dos constituintes de se cumprirem quatro funções básicas: delinear os limites do poder do governo; assegurar a separação dos poderes Executivo, Legislativo e Judiciário; preservar o grau de autonomia política dos estados (federalismo), e garantir os direitos e as liberdades individuais.

O presidente Deodoro e seus aliados políticos viam com muita preocupação a aspiração de Prudente de Moraes e dos republicanos constitucionalistas de limitar o poder do presidente da República. A ideia da divisão constitucional dos três Poderes e a garantia das liberdades individuais pareciam artimanhas astutas para limitar a capacidade do presidente de governar e de exercer plenamente o seu poder político. Apesar do seu descontentamento, Deodoro rechaçou a pressão dos positivistas que pediram ao presidente para fechar o Congresso e dissolver a Assembleia Constituinte.

Prudente de Moraes se transformou no alvo principal dos positivistas. A seriedade em defender os princípios constitucionais e os valores liberais, a imparcialidade na conduta dos debates e dos trabalhos no Congresso e a determinação no cumprimento de prazos e acordos fizeram de Prudente uma figura respeitada e venerada. "A história do país fazia-se por seus gestos e atitudes. Ele era a aspiração do poder civil"[2]. A admiração dos constitucionalistas pelo exemplo e pelas atitudes de Prudente era contrabalançada pelo ódio e antagonismo que sua tenacidade e reputação despertavam nos deodoristas e positivistas. Além de colocar em risco o modelo de república autoritária e centralizadora que defendiam, Prudente tornou-se o candidato natural dos constitucionalistas à presidência da República. Para desespero dos deodoristas, o Congresso determinou que a eleição presidencial fosse realizada logo e seguida da promulgação da Constituição, isto é, no auge da popularidade de Prudente.

Se Prudente de Moraes continuava impávido na função de presidente da Assembleia Constituinte, moderando os debates e cumprindo fielmente os prazos para discussão e redação dos artigos constitucionais, seus aliados e adversários já haviam iniciado o embate eleitoral pela disputa da presidência da República. A Constituição seria promulgada em 24 de fevereiro de 1891, e a eleição presidencial seria no dia seguinte. A primeira eleição seria indireta, ou seja, o presidente seria escolhido pelo Congresso. Não é por outra razão que o clima político no início de janeiro era de muita tensão. A Constituição a ser promulgada e o favoritismo de Prudente de Moraes ameaçavam o projeto de poder dos deodoristas. Se não era possível vencer a eleição pelo voto, era necessário usar a força e o golpe para impedir a vitória de Prudente. Mas os civilistas ganharam força, especialmente quando Floriano Peixoto e outro importante general do Exército, José Simeão, declararam que mobilizariam as tropas para defender a legalidade e assegurar a posse de Prudente de Moraes, caso ele vencesse a eleição. Floriano tornou-se o líder dos militares "legalistas" e foi imediatamente cortejado pelos civilistas para formar uma chapa presidencial imbatível, na qual aceitaria ser o vice-presidente de Prudente de Moraes.

---

[2] D'AVILA, Luiz Felipe. *Os virtuosos*, op. cit., p. 47.

A discórdia no Exército levou os deodoristas a buscar um acordo com os civilistas para evitar uma grave crise institucional. Em vez de apelar para o golpe de estado, os deodoristas mudaram de tática. Elegeram o barão de Lucena, ministro de Deodoro e homem de confiança do presidente, para buscar um acordo com os constitucionalistas. Lucena procurou Campos Salles, um dos principais líderes dos constitucionalistas e homem próximo de Prudente de Moraes. O barão disse a Campos Salles que precisavam buscar o entendimento para evitar uma crise que ameaçava destruir a República. A missão de ambos era conter a radicalização dos ânimos que pressionava o governo e a oposição a travar um embate suicida. Segundo o barão, a solução para o problema consistia em eleger Deodoro da Fonseca presidente da República e assegurar aos constitucionalistas os principais cargos ministeriais do novo governo. Convencido de que a proposta apresentada pelo barão de Lucena era a melhor alternativa para evitar a guerra civil, Campos Salles levou a proposta aos membros do seu grupo. Muitos concordaram com a solução apresentada, mas Prudente de Moraes permaneceu calado durante a discussão.

No fim da reunião, Prudente não economizou críticas à proposta de Campos Salles. Afirmou que o astuto barão não tinha poder ou autoridade para garantir o cumprimento do acordo e que a divergência entre oposição e governo não se limitava a conquistar ministérios para assegurar a governabilidade. Para Prudente, a questão central residia numa gigantesca divergência de princípios. Os deodoristas não queriam uma república liberal e constitucional. Desejavam criar uma democracia de fachada, em que o poder político estivesse concentrado nas mãos do presidente da República, restando ao Congresso e ao Judiciário um papel coadjuvante de meros legitimadores das decisões presidenciais. Não havia solução possível ante aquela diferença irreconciliável de princípios. Portanto, era preciso preparar-se para o embate político e até mesmo para um eventual conflito armado para defender os valores e princípios que são essenciais para a construção de uma república democrática, constitucional e liberal.

A fala de Prudente virou o jogo. A maioria dos constitucionalistas rechaçou o acordo proposto por Campos Salles e reafirmou que Prudente deveria manter sua candidatura à presidência da República. Campos Salles aceitou a decisão da maioria, mas reiterou que tal postura representava suicídio político. O governo utilizaria todos os meios para garantir a vitória de Deodoro da Fonseca, e o marechal-presidente não pouparia forças para destruir a oposição e perseguir os derrotados. "Vamos praticar o nosso maior erro político. Eu vou arrastado", disse Campos Salles.

Em 24 de fevereiro de 1891, o Congresso Nacional proclamou a nova Constituição. Em sessão solene, presidida por Prudente de Moraes, ele recebeu os aplausos dos parlamentares e do público que ocupava a galeria do Senado. Apesar das ameaças de fechamento do Congresso e das crises políticas, Prudente conseguiu conduzir o trabalho da Assembleia Constituinte e dar ao país uma Constituição democrática e liberal. Em seu discurso, Prudente proclamou o fim do estado de exceção e o início da república democrática e constitucional:

> Após quinze meses de um governo revolucionário, entra-se desde este momento no regime da legalidade. O Brasil, de hoje em diante, tem uma Constituição livre e democrática, com um regime da mais larga federação, único capaz de mantê-la unida, de fazer com que possa desenvolver-se. Saudemos, meus concidadãos, ao Brasil e à República brasileira!

Com a ovação tomando conta do recinto, o público aclamava Prudente e a Constituição.

No dia seguinte, 25 de fevereiro, o Congresso reuniu-se para eleger o presidente da República. O herói da Constituinte, porém, foi derrotado pelo voto do plenário. A máquina do governo conseguiu assegurar a vitória de Deodoro da Fonseca. O marechal recebeu 129 votos; Prudente, 97; e Floriano, 3 (outros dois candidatos tiveram um total de três votos e houve dois votos em branco). Como Campos Salles havia previsto, Deodoro não poupou esforços para vingar-se de seus adversários. O alvo escolhido para desferir o primeiro ataque foi São Paulo, o território político dos constitucionalistas e a terra de Prudente de Moraes e Campos Salles. Deodoro aproveitou uma brecha constitucional para intervir em São Paulo. Como os estados ainda não haviam promulgado suas constituições, Deodoro recorreu ao poder discricionário do presidente da República para depor o governador de São Paulo, Jorge Tibiriçá, e nomear para o cargo Américo Brasiliense, um fiel deodorista.

A atitude de Deodoro agravou a situação política. Para Prudente, tratava-se de um sinal inequívoco de que o presidente não respeitaria os limites constitucionais e a autonomia dos estados. Quando o novo Congresso Nacional tomou posse, em julho, os parlamentares demonstraram independência, elegendo Prudente de Moraes para presidi-lo. Deodoro se enfureceu com a escolha, mas nada pôde fazer para impedir que Prudente transformasse o Poder Legislativo na trincheira dos defensores da legalidade, da democracia e da liberdade. As derrotas do governo no Congresso revelavam que os parlamentares não se curvariam às imposições do Poder Executivo. Cada derrota do governo ou alteração do projeto no Legislativo era interpretada como uma afronta pessoal ao presidente da República. A situação começou a deteriorar-se rapidamente. O barão de Lucena entrou em cena e procurou novamente

Campos Salles para renovar a proposta de indicar membros moderados da oposição para ocupar cargos ministeriais em troca de maior apoio e concórdia no Congresso. A proposta foi mais uma vez rechaçada por Prudente e pela maioria dos constitucionalistas. A autonomia do Congresso era inegociável e vital para o bom funcionamento da democracia. Não aceitariam curvar-se aos desejos do presidente da República em troca de cargos no governo.

Contrariado, o barão voltou-se para o presidente e disse que restava apenas o golpe de estado para garantir a governabilidade do país. Deodoro relutou em aceitar a proposta de Lucena para fechar o Congresso e rasgar a Constituição. O barão aumentou a pressão sobre o presidente, pedindo demissão do ministério, gesto que foi acompanhado pelos outros ministros. O marechal se recusou a aceitar tal ultimato. Ele era um militar, acostumado a dar ordens e vê-las cumpridas. Não gostava do jogo intermitente da política, que exigia negociar, aceitar concessões, correr riscos e lidar com pressão, vitórias e derrotas. Cansado da pressão dos ministros e dos embates com o Congresso, ele adoeceu no fim de outubro. Vítima de uma forte gripe, Deodoro afastou-se da presidência por alguns dias para descansar. A gripe acometera também o vice-presidente, Floriano Peixoto, e o governo ficou sob o comando do barão de Lucena.

Lucena não perdeu tempo para executar seu plano. Articulou com os militares um plano para fechar o Congresso e comunicou ao presidente moribundo que o plano contava com o apoio das tropas. Deodoro não queria ser o autor do golpe, mas não se importava se Lucena o executasse. Em 3 de novembro de 1891, o governo decretou o estado de sítio, e o Exército foi mobilizado para fechar o Congresso Nacional. Ao justificar a medida de exceção, Lucena culpou a intransigência de Prudente de Moraes: "Fiz tudo quanto pude para conjurar o emprego desta medida extrema, pela qual é principalmente responsável o sr. Prudente de Moraes, que nada tem de prudente quando o ódio ou o interesse pessoal o inspiram".

O fechamento do Congresso provocou forte reação dos republicanos liberais e de parte das Forças Armadas. O Partido Republicano Paulista, comandado por Campos Salles e Prudente de Moraes, publicou um manifesto no jornal *Correio Paulistano*, condenando o fechamento do Congresso e afirmando não reconhecer mais a legitimidade de Deodoro para governar o país. O manifesto dos paulistas contou com o apoio dos republicanos constitucionalistas e dos militares legalistas, como o marechal Floriano Peixoto, e o contra-almirante Custódio de Melo, cujo repúdio ao gesto autoritário de Deodoro levou-o a mobilizar seus navios e dar um ultimato ao presidente da República: ou renunciava imediatamente ao cargo ou "romper-se-ão hostilidades".

O marechal Deodoro preferiu renunciar ao cargo a ser responsável por uma guerra civil. No dia 23 de novembro de 1891, assinou a carta-renúncia. Floriano Peixoto assumiu a presidência da República e, por um instante, nutriu-se a esperança de que o novo presidente colocaria o país no rumo certo, restaurando o Estado de Direito, a liberdade de imprensa e a autonomia do Parlamento. O primeiro gesto foi alentador: o novo presidente ordenou a reabertura imediata do Congresso Nacional. Ao restaurar a legalidade, Floriano conquistou o apoio das principais lideranças políticas e do Congresso. Mas a esperança durou pouco tempo. Em vez de empregar o valioso respaldo político que conquistara para fortalecer as instituições democráticas, Floriano seguiu o clássico e triste roteiro dos caudilhos: utilizou a restauração da legalidade para legitimar os atos ilegais do seu governo. Em nome da urgência de restaurar a ordem, Floriano recorreu aos expurgos políticos que os republicanos tanto criticavam no Império. Removeu todos os governadores que apoiaram Deodoro da Fonseca e os substituiu por governantes fiéis ao novo presidente da República.

A lógica tosca dos governos autoritários confere ao déspota o poder de eliminar os governantes que apoiam o presidente deposto. Os derrotados perdem a legitimidade de governar. Logo, a deposição dos governantes ligados a Deodoro da Fonseca era um ato legal, legítimo e necessário. Expurgos conduzidos em momentos de desordem política e fragilidade institucional costumam contar até mesmo com o apoio de alguns defensores dos princípios liberais e constitucionais. Em São Paulo, os republicanos liberais – inclusive Prudente de Moraes e Campos Salles – endossaram a deposição do governador Américo Brasiliense, cujo apoio ao marechal Deodoro havia sido inquestionável. Alguns liberais cultivam a ilusão de que em momentos excepcionais podem-se fechar temporariamente os olhos para os princípios sagrados do Estado de Direito para restituir a ordem. Essa ilusão é quase sempre fatal.

Como já havia constatado o grande físico Isaac Newton em suas Leis, "um corpo em movimento continuará a mover-se até encontrar uma resistência maior". Ou seja, governantes que iniciam o mandato com expurgos e perseguições continuarão a atuar à revelia das instituições e das leis até o momento em que encontram uma resistência maior que os impeça de avançar com seus desmandos. Ao endossar as atitudes arbitrárias do presidente Floriano Peixoto, os republicanos liberais retardaram por quase três anos o renascimento do governo constitucional e a restauração da liberdade de opinião. O Brasil só voltou a ter um regime político liberal e constitucional com a primeira eleição direta para presidente da República, que consagrou a vitória de Prudente de Moraes, em 1894. Nem a máquina do governo foi capaz de evitar a vitória triunfal do líder constitucionalista nas urnas. Prudente recebeu 280.833 votos; Afonso Pena, o segundo colocado, 38.291 votos.

A transição dos militares para o primeiro presidente civil do Brasil pode ser ilustrada pela forma com que Prudente foi recepcionado por Floriano Peixoto ao chegar ao Rio de Janeiro para assumir a presidência da República. Quando desembarcou na estação de trem na manhã do dia 2 de novembro, não havia ninguém para recepcionar o novo presidente, exceto Francisco Glicério, seu amigo e aliado político. Prudente instalou-se numa pensão modesta e, no dia da posse, teve de arrumar "um fiacre em péssimo estado e um cocheiro mal-ajambrado" para levá-lo ao Senado, onde jurou respeitar a Constituição, e foi calorosamente aplaudido pelos parlamentares e populares. Em seguida, foi para o Palácio do Itamarati, sede do governo. Floriano Peixoto inventou uma desculpa e não compareceu à posse, delegando a Cassiano do Nascimento, seu ministro da Justiça, a incumbência de transferir o cargo presidencial ao primeiro presidente do Brasil eleito pelo voto popular. Além da desfaçatez de Floriano, Prudente ficou espantado de encontrar o Palácio Itamarati num estado deplorável: "Há poeira sobre os móveis. Há lixo nos cantos. Há papéis rasgados pelo chão. Pior que isso: os estofos foram rasgados a ponta de baionetas!". Prudente transformou tamanho descalabro num ato político. Mandou abrir as portas do palácio para a imprensa e para o povo: "Todos os salões fervilhavam de gente. E fervilhavam também os comentários em torno dos jornais de garrafas de cerveja vazias e dos estofos rasgados a ponta de baioneta".[3]

O Palácio do Itamarati refletia a imagem do governo florianista. Era o retrato de um presidente que menosprezou a democracia, a Constituição e as instituições, e governou usando a força, as baionetas e o estado de sítio. Um presidente que revelou nos seus atos de governo e nas atitudes pessoais o escárnio pelas instituições democráticas e pelo

---
[3] Ibid., p. 75.

cargo que ocupara. Nesse sentido, não havia duas personagens políticas tão diferentes como Floriano e Prudente. A antipatia do primeiro em relação ao segundo tornou-se crônica quando o paulista transformou o Congresso Nacional na trincheira da resistência democrática contra o poder arbitrário do "marechal de ferro".

A presidência de Prudente de Moraes foi marcada pelo esforço de restabelecer a ordem e a paz interna por meio das instituições democráticas, do Estado de Direito e do respeito à Constituição. Prudente assumiu em 15 de novembro e seu primeiro grande desafio foi a pacificação do Rio Grande do Sul. O presidente buscou a conciliação das facções, oferecendo anistia aos revoltosos. Ao mesmo tempo, não descuidou da alternativa militar, enviando o general Inocêncio Galvão para o estado, caso os gaúchos se recusassem a aceitar a anistia. A proposta da anistia gerou a primeira crise parlamentar na bancada governista no Congresso Nacional. Dois aliados do presidente assumiram posturas antagônicas em relação ao projeto. Campos Salles, líder do governo na Câmara dos Deputados, apresentou o projeto de anistia geral aos militares e revolucionários gaúchos. Francisco Glicério combateu-o: "A anistia incondicional é um grave erro político; ela reconduz os criminosos ao seu estado antigo. A anistia é o apagamento dos ódios e o esquecimento da culpa".

O projeto gerou a primeira discórdia na base governista. De um lado, Glicério começou a distanciar-se do governo e se tornar o líder da oposição, contando com o apoio de deodoristas, positivistas e florianistas. Do outro lado, Campos Salles e Bernardino de Campos despontaram como os principais líderes do governo no Congresso. Prudente de Moraes absteve-se do debate sobre a anistia. Entendia que se tratava de uma prerrogativa do Legislativo aprová-la, rejeitá-la ou emendá-la. Campos Salles interpretou a não ingerência do presidente como sinal de fraqueza. Prudente entendia que o presidente da República tinha de respeitar a autonomia do Congresso e que as derrotas e vitórias do governo no Legislativo fazem parte do jogo democrático. Se cada derrota do governo no Congresso fosse interpretada como "fraqueza" do presidente da República, o Brasil acabaria se tornando um "presidencialismo imperial", o que minaria o enraizamento da responsabilização e autonomia dos três poderes, o respeito à Constituição e o fortalecimento do Estado de Direito.

Campos Salles estava mais preocupado com o resultado de curto prazo. A derrota do projeto de anistia no Congresso, a divisão da base governista e a dissidência de Glicério representavam fissuras importantes no governo, precisamente no momento de grande fragilidade institucional, no qual florianistas e deodoristas derrotados esperavam uma oportunidade para orquestrar um novo golpe, retomar o poder, depor Prudente e acabar com a república liberal e constitucional. A insatisfação com a conduta do presidente no episódio da anistia e as divergências na base governista foram atenuadas com a vitória do general Galvão, no Rio Grande do Sul. Em agosto, os rebeldes aceitaram as condições de paz negociadas com o governo e depuseram as armas. A paz foi o primeiro grande trunfo político de Prudente de Moraes. O segundo foi obtido na política externa. Graças à habilidade diplomática do barão do Rio Branco, o Brasil conseguiu resolver duas disputas fronteiriças por meio pacífico; uma com a França, sobre o Amapá; outra com a Argentina, sobre o território das Missões.

Se as vitórias políticas contribuíram para revigorar a base governista, elas também recrudesceram a determinação da oposição de orquestrar a deposição de Prudente. As chances de reconquistar o poder por meio do voto diminuíam conforme o presidente colecionava vitórias. Mas, em outubro de 1896, um acontecimento imprevisível ressuscitou o ânimo dos golpistas. Prudente de Moraes teve de se submeter a uma cirurgia para extrair cálculos da bexiga e temia transferir o poder temporariamente ao vice-presidente da República, Manoel Vitorino, um florianista que estava envolvido nas conspirações para depor o presidente. Vitorino não escondeu suas pretensões. Disse que só assumiria temporariamente a presidência da República se pudesse promover uma reforma ministerial – um sinal claro de que ambicionava permanecer no cargo. Em seguida, fez um discurso no Senado defendendo a renúncia de Prudente.

O senador Bernardino de Campos tentou atenuar o discurso golpista de Manoel Vitorino, propondo ao vice-presidente que apresentasse uma lista com o nome dos ministros que pretendia indicar. O próprio Bernardino se incumbiria de levá-la ao presidente Prudente. Para a surpresa do senador paulista, seu nome estava na lista para ocupar a pasta da Fazenda. Quando Bernardino reuniu-se com Prudente em sua casa e disse que Manoel Vitorino queria mudar o ministério, o presidente esbravejou e disse que não aceitaria indicações ou mudanças propostas por Manoel Vitorino e seu grupo: "Esses sujeitos são uns canalhas, Bernardino!", exclamou o presidente. O senador argumentou que a recusa decisiva do presidente poderia acelerar o plano do golpe de estado. Prudente parou por um instante e pediu-lhe para ler o nome dos ministros que Vitorino pretendia indicar. Constrangido, Bernardino disse que ele estava na lista para ocupar o ministério da Fazenda. Surpreso, Prudente exclamou: "Você, Bernardino?! Mas, por que você não me disse isso antes?! Vá para a pasta da Fazenda que eu aceito tudo! Com você no ministério a coisa é diferente!"

Em 10 de novembro, Manoel Vitorino assumiu a presidência da República. Mal havia ocupado o cargo quando uma revolta local eclodiu em Canudos, no interior da Bahia. Na sequência, enquanto Antônio

Conselheiro, o líder da revolta, impunha derrotas humilhantes às tropas governistas, Manoel Vitorino confabulava para derrubar Prudente de Moraes. Primeiro, tentou aprovar um plebiscito para destituir o presidente. Em seguida, procurou os militares e tentou persuadi-los de que a deposição de Prudente era a melhor coisa a ser feita para restituir a paz e a ordem. Em apenas dois meses no cargo, as derrotas militares em Canudos e suas intrigas políticas no Rio de Janeiro transformaram o vice-presidente numa figura impopular. Suas atitudes despertaram a antipatia, a suspeita e o ódio no governo, no Congresso e na população. Manoel Vitorino revelou rapidamente a sua ambição desmedida, sua inabilidade política e sua incapacidade de liderar, inspirar e conduzir o governo e o país num momento de crise.

Em 4 de março de 1897, Prudente de Moraes reassumiu a presidência da República. Sua principal missão era acabar com a revolta de Canudos. Antônio Conselheiro já havia se tornado uma figura célebre no país, especialmente após os ricos relatos publicados por Euclides da Cunha no jornal O *Estado de S.Paulo*. A última coisa que Prudente desejava era ver o exemplo de Antônio Conselheiro se espalhando pelo país.

De fato, o fim da revolta de Canudos e o restabelecimento da ordem e da paz fortaleceram o governo e reduziram significativamente as chances de um golpe de estado. Restava apenas uma alternativa para os radicais: o assassinato de Prudente de Moraes. O presidente começou a receber cartas ameaçadoras, mas recusou-se a reforçar sua segurança pessoal. Continuava a visitar lugares públicos e participar de eventos que faziam dele um alvo fácil. Em 5 de novembro, Prudente de Moraes, acompanhado do ministro da Guerra, marechal Bittencourt, e do chefe da Casa Militar, coronel Mendes de Moraes, recepcionou o navio *Espírito Santo*, que trazia a bordo oficiais e soldados que haviam combatido em Canudos. O clima era de festa: bandas de música, discursos, salvas de canhão e aplausos para as tropas vitoriosas e para o presidente da República. Em seguida, Prudente de Moraes passou em revista os batalhões perfilados na avenida Central. Quando passou pelo décimo batalhão da Infantaria, o soldado Marcelino Bispo de Melo sacou uma pistola, deu "viva à memória de Floriano" e disparou contra o presidente da República. Mas "as cápsulas não detonaram e, com a cartola, Prudente afastou o cano da arma". Mendes de Moraes desembainhou a espada e feriu Marcelino no rosto. Capturado, a multidão queria linchá-lo, mas Prudente ordenou que não o matassem. O soldado já estava no chão, dominado e desarmado, e parecia que o episódio havia terminado. Mas o soldado sacou um punhal escondido e o cravou nas costas do ministro da Guerra, marechal Bittencourt, matando-o na hora. Marcelino ainda atacou Mendes de Moraes, ferindo-o sem gravidade.

A tentativa de assassinato e a morte do marechal Bittencourt uniram o povo em torno de Prudente. O presidente fez questão de ajudar a carregar o caixão do ministro, mesmo sabendo do risco que corria se expondo de tal maneira no trajeto até o cemitério São João Batista. Foi calorosamente aclamado pela multidão. José do Patrocínio, o grande líder abolicionista, "surgiu sobre a lápide do sepulcro, levantou os braços e a multidão se calou":

> Parai aí, senhor Presidente! Ainda estais ouvindo o eco dessas catadupas de aplausos que se encapelaram de entusiasmo diante da vossa coragem cívica. Viestes sozinho, sem pretorianos, e conquistastes a multidão que vos cerca e vos guarda. E aqui acabais de receber a mais edificante e singular de todas as manifestações que a nossa história registra: foi a convulsão da alma nacional que se atirou aos pés do santo varão que acaba de inscrever, nas páginas da história da pátria, altiloquente lição de civismo, ensinando por meio de sua coragem a força indômita, incontrastável e soberana da Lei, da Justiça e do Direito.

Patrocínio estava certo. Prudente chegara ao apogeu da sua trajetória de estadista. Conquistara o povo, vencera os radicais por meio do seu exemplo pessoal, do cumprimento da lei, do respeito às instituições e à Constituição. A partir daquele instante, estava encerrada a possibilidade de florianistas e jacobinos articularem um golpe. Se almejassem conquistar o poder, teriam de disputar eleições, respeitar a Constituição e agir por meio das instituições. Mas justamente nesse momento de glória, Prudente de Moraes cometeu um ato abominável: decretou o estado de sítio para promover o expurgo dos radicais. O presidente ordenou o fechamento do Clube Militar e a prisão de dezenas de militares florianistas e dos líderes políticos envolvidos com os radicais. Deputados e senadores ligados aos jacobinos foram deportados para o arquipélago Fernando de Noronha; jornais de oposição ao governo foram fechados. O estado de sítio durou de 10 de novembro de 1897 a 31 de janeiro de 1898. Foram os 51 dias mais vergonhosos do governo de Prudente de Moraes.

Em fevereiro, o presidente recebeu uma boa notícia do seu enviado especial à Europa, Campos Salles. Prudente o havia incumbido de negociar um empréstimo externo para o Brasil. As finanças públicas encontravam-se em estado dramático. As revoltas militares desde a presidência de Floriano Peixoto pressionaram os gastos públicos e reduziram a atividade econômica. As exportações caíram, a arrecadação de impostos diminuiu e a dívida pública cresceu vertiginosamente. Como Campos Salles era o candidato do governo à presidência da República, Prudente de Moraes o escolheu para ser o negociador do empréstimo externo para o país (*funding loan*). O acordo com os banqueiros europeus envolvia a aprovação e a implementação de um programa econômico austero. O governo se comprometeu a cortar drasticamente os gastos públicos, equilibrar o orçamento, combater a inflação e oferecer a receita alfandegária do país como garantia do empréstimo.

Manoel de Campos Salles assumiu a presidência em 15 de novembro de 1898, numa cerimônia emocionante no Senado, com a presença de parlamentares, ministros, militares, diplomatas e representantes do clero. Em seguida, Campos Salles e Prudente de Moraes dirigiram-se para o palácio do Catete, onde o presidente despediu-se de seu antecessor. Ambos foram ovacionados pela multidão em frente ao palácio. Se Prudente de Moraes assegurou o enraizamento das instituições e da Constituição, coube a Campos Salles a luta pela defesa da soberania financeira do Brasil.

Apesar de Campos Salles ter herdado um país onde reinavam a paz, o poder civil, o governo constitucional e as liberdades individuais, a nação estava praticamente falida. O custo das campanhas militares para sufocar as revoltas regionais e a queda do preço do café no mercado internacional – o principal produto de exportação do país – agravaram a crise financeira. Nem mesmo a desvalorização da moeda e o aumento da inflação foram capazes de ajudar o governo a equilibrar as contas públicas e a honrar o pagamento da dívida externa. Não fosse o acordo com os bancos europeus, o Brasil teria quebrado e seria obrigado a decretar moratória.

Como assegurar apoio político e respaldo da sociedade quando o governante é obrigado a conduzir a nação durante um período de grave crise que demanda uma mudança profunda de hábitos, atitudes e crenças? A pergunta que Campos Salles teve de responder, quando assumiu a presidência da República, é a mesma que atormenta os governantes em época de grandes crises. De um lado, o senso de urgência imposto pela crise oferece uma oportunidade valiosa para promover mudanças de comportamento, rever crenças e atitudes prejudiciais ao desenvolvimento econômico do país e ao fortalecimento das instituições. De outro lado, o risco de perder voto, apoio e até a legitimidade é inerente ao processo de mudança transformadora, uma vez que obriga as pessoas a lidarem com perdas de direitos, privilégios e poder. Embora não haja respostas definitivas para a pergunta, a presidência de Campos Salles é um exemplo a ser estudado. Trata-se de um bom caso de como enfrentar crises financeiras de maneira corajosa e eficaz.

Cinco atributos que asseguraram o êxito de Campos Salles na gestão da crise continuam válidos para os estadistas da atualidade. Primeiro, o presidente tinha inabalável convicção nos fundamentos da economia de mercado. Essa convicção moldou sua visão e deu-lhe a coragem necessária para diagnosticar o problema e discernir o que tinha de ser mudado e o que precisava ser preservado. A coragem é necessária para extirpar todas as considerações periféricas – como os interesses partidários, as demandas imediatistas e os preconceitos ideológicos – e focar no problema premente e essencial a ser enfrentado. Para Campos Salles, o saneamento das finanças públicas era a questão imprescindível para a preservação da soberania nacional. O exercício da soberania não consiste apenas em defender o território, preservar a paz interna e assegurar o bom funcionamento das instituições. É preciso incluir, nesse pacote de obrigações e deveres, a administração responsável das finanças do Estado, o zelo pelo equilíbrio das contas públicas, a credibilidade da moeda nacional, o controle da inflação e também a capacidade de honrar os acordos e os pagamentos dos empréstimos públicos. Um país que tem dificuldade de cumprir essas tarefas não contará com a confiança e a credibilidade que o legitimam a participar e atuar como membro pleno da comunidade das nações.

Segundo, Campos Salles tinha plena consciência de que o governo seria incapaz de sanear as finanças do Estado recorrendo apenas aos instrumentos clássicos de política monetária, fiscal e tributária. Era absolutamente imperativo fazer uma profunda revisão dos valores e das crenças que balizavam a política econômica do país havia várias décadas. Seria necessária uma gigantesca mudança cultural para que as soluções técnicas empregadas pelo governo surtissem o efeito desejado. E quais eram as crenças, os conceitos e valores que precisavam ser revistos? O diagnóstico de Campos Salles em 1898 continua atual:

> O protecionismo inoportuno e, por vezes, absurdo em favor de indústrias artificiais, à custa dos maiores sacrifícios para o contribuinte e para o Tesouro; a emissão de grandes massas de papel inconversível, causando profunda depressão no valor do meio circulante; os déficits orçamentários criados pelo funcionalismo exagerado e pelo aumento contínuo da classe dos inativos; o aumento constante da dívida flutuante, que se origina dos próprios déficits e, consequentemente, da dívida consolidada; a má arrecadação das rendas públicas; o efeito moral da má política financeira, acarretando descrédito e o retraimento da confiança dos capitais no país e no estrangeiro; a especulação que nesse meio se desenvolve como parasita em um organismo em decadência; finalmente, a baixa cambial, síntese e expressão de todos os erros.[4]

Nenhum presidente do Brasil foi capaz de colocar com tanta clareza e objetividade a revisão de valores, conceitos e prioridades a ser enfrentada para superar as dificuldades econômico-financeiras que assolavam o país. O presidente não culpou a política econômica dos seus antecessores nem acusou as nações estrangeiras ou os especuladores pelos infortúnios da má gestão das contas públicas do Brasil. Campos Salles sabia que o saneamento das finanças públicas era uma missão dura, difícil e politicamente impopular, mas não titubeou em assumi-la com determinação. O presidente tinha consciência de que passaria os

---

[4] SOUZA, Raul Alves de. *História política dos governos da República*. Rio de Janeiro: Paulo, Pongetti & Cia., 1927. p. 80.

quatro anos do seu mandato tomando medidas impopulares. Seu único consolo era o senso de missão pública e a profunda convicção nos fundamentos econômicos que balizavam sua ação política.

Terceiro atributo: Campos Salles soube comunicar suas prioridades com clareza. Não recorreu à criação de falsas ilusões para escamotear o fato de que as medidas exigiam sacrifício da sociedade. Procurou ser objetivo e direto com o Congresso, a imprensa e a população. Desde o primeiro pronunciamento, Campos Salles evitou minimizar as dificuldades e as perdas que a nação teria de encarar:

> O problema financeiro é o grande problema nacional. Não há, portanto, lugar para os vastos programas da administração, que, aliás, se incompatibilizam radicalmente com a situação do Tesouro. Considero um dever e lealdade não abrir esperanças, nem contrariar compromissos de outra ordem. Muito terá feito pela República o governo que não fizer outra coisa senão cuidar de suas finanças.[5]

Para o povo, austeridade significa recessão e desemprego. Para os políticos, significa menos verbas para obras públicas. Para os empresários e fazendeiros, austeridade se traduz em menos crédito público, ajuda do governo e medidas de incentivo ou de proteção para setores e mercados.

Quarto, o presidente soube resistir às pressões ao escolher seu ministério. Se os interesses político-partidários se sobrepõem aos interesses de Estado nos momentos de crise, o país está condenado à ruína econômica, à desmoralização política e ao enfraquecimento das instituições. Campos Salles escolheu um ministério de homens competentes e de sua confiança. Joaquim Murtinho assumiu a pasta da Fazenda e tornou-se responsável pela implementação do programa de austeri-

---

[5] Ibid., p. 79-80.

dade. Em pouco tempo, tornou-se o ministro mais odiado do país e o mais admirado pelo presidente da República. Murtinho cumpriu à risca a missão que lhe foi dada. Reduziu drasticamente as despesas do governo, começando pelo seu próprio ministério, com a demissão de funcionários. Campos Salles exigiu que os outros ministros seguissem o exemplo de Murtinho. Em seguida, o ministro da Fazenda irritou industriais e banqueiros ao eliminar medidas protecionistas e subsídios e se recusar a socorrer bancos e empresas falidas por não se adequarem ao ambiente competitivo.

Os comerciantes e a população protestaram contra o aumento de impostos e a criação da Taxa do Selo que incidia sobre transações comerciais e a compra e venda de imóveis registradas em cartório. Os cafeicultores também criticaram a política monetária austera, que retirou de circulação boa parte do dinheiro e acabou com a desvalorização artificial da moeda. O custo de manter um câmbio artificialmente baixo para ajudar as exportações tornara-se proibitivo. Murtinho acreditava que os fazendeiros e os empresários precisavam investir no ganho de produtividade e procurar "soluções naturais de mercado". Aqueles que não seguiram o conselho do ministro acabaram falindo ou entregando os negócios aos credores.

O ministro da Fazenda tornou-se o alvo favorito dos ataques de políticos, empresários, fazendeiros, comerciantes e trabalhadores. Ciente da sua missão ingrata de sanear as finanças públicas, Murtinho não costumava se abalar com críticas e protestos. Somente uma vez foi abatido pelo desânimo. Pediu demissão, mas Campos Salles disse que deixaria a presidência se o ministro insistisse em sair do governo. Murtinho ficou na Fazenda, e o Brasil foi capaz de equilibrar suas contas públicas.

Se Joaquim Murtinho era o braço direito do presidente, Epitácio

Pessoa, o braço esquerdo. O ministro da Justiça era um fervoroso constitucionalista. Acreditava que a preservação do Estado de Direito e a credibilidade das instituições dependiam do cumprimento das leis e do respeito à Constituição. Epitácio recebeu a incumbência de elaborar o novo Código Civil e comandar as reformas que fortaleceriam os pilares das instituições democráticas. Um desses projetos, a Lei Orgânica do Ensino, gerou vigorosos protestos e ataques ao governo e, particularmente, a Epitácio.

Essa lei importantíssima pretendia resolver duas questões vitais da educação. Primeiro, previa que crianças e jovens seriam obrigados a estudar e não poderiam mais trocar a escola pelo trabalho. Segundo, disciplinava a carreira do professor. Como os alunos não eram obrigados a frequentar a escola, os professores da rede pública aproveitavam o tempo ocioso para acumular o salário do Estado e buscar uma renda extra, dando aulas em cursos particulares, bem mais lucrativos. A Lei Orgânica do Ensino acabou com essa liberalidade. Apesar dos protestos e da pressão corporativista, Campos Salles sancionou a lei e estancou o foco de ataque ao ministro da Justiça, transferindo Epitácio para o Supremo Tribunal Federal, onde ele poderia zelar pela Constituição e exercer seu notável conhecimento jurídico. A vida pública de Epitácio Pessoa não se encerrou no Supremo. Em 1919, ele foi eleito presidente da República, derrotando Rui Barbosa.

O quinto atributo é vital para um estadista determinado a desafiar seu país a promover mudanças culturais. O presidente precisa ser um político hábil, capaz de construir uma sólida base política que possa garantir a institucionalização das mudanças transformadoras. Desde o primeiro dia do seu mandato, Campos Salles dedicou tempo e energia para edificar uma aliança política com o Congresso e com os governadores que assegurasse a aprovação e a implementação das medidas duras que o governo teria de aprovar. Sabia que, enquanto o senso de urgência e a gravidade da crise imperavam, poderia contar com o apoio momentâneo da sociedade para sua política de austeridade. Mas a coesão política e social durante os momentos de emergência tende a se dissipar com os primeiros sinais de recuperação econômica. Não tardam a surgir os clamores exigindo a flexibilização das medidas austeras e a pressão política para o governo atender as demandas partidárias represadas. Os estadistas não podem cair nessa armadilha – ela é a mais perigosa ameaça à institucionalização das mudanças transformadoras.

Assim que assumiu a presidência da República, Campos Salles empenhou-se pessoalmente na eleição dos presidentes da Câmara e do Senado e na escolha dos líderes do governo nas duas casas. Aproveitou também a popularidade do início do mandato para construir um pacto político com os estados, que se tornou conhecido como a "política dos governadores". Tratava-se de um entendimento informal no qual o presidente se comprometia a não intervir nas disputas políticas estaduais e reconhecia o poder supremo dos governadores de arbitrá-las e de validar o resultado das eleições nos estados. Em contrapartida, o presidente exigia que os governadores usassem sua influência para garantir os votos de que precisava no Congresso para aprovar as medidas econômicas e o seu poder para fazer cumpri-las nos estados e municípios.

Esse acordo teve profundas implicações na maneira pela qual se formulou e implementou a política federal. Por um lado, permitiu o pleno cumprimento das drásticas medidas econômicas concebidas pelo governo Campos Salles. Por outro, fomentou a oligarquização das decisões políticas, impedindo que houvesse uma saudável alternância do poder por meio do processo democrático. Restou apenas a revolução como opção para a oposição conquistar o poder. Houve várias revoltas nos governos que se sucederam, mas somente a Revolução de 1930 foi capaz de quebrar o monopólio do poder decisório da oligarquia política que se instalou no poder a partir do pacto da política dos governadores.

Antes de nos apressarmos a emitir o veredicto sobre a política de Campos Salles, voltemos a 1899. A política dos governadores tinha três objetivos. Primeiro, era preciso assegurar a governabilidade do país e neutralizar a oposição e os radicais. Desde o período monárquico até a presidência de Prudente de Moraes, as revoltas e os levantes regionais respingavam na política nacional, acirrando as disputas partidárias, sorvendo recursos dos cofres públicos e obrigando o governo central a arbitrar as discórdias. Campos Salles precisava de paz e de unidade nacional para resolver a insolvência do Estado brasileiro. A nação tinha de enfrentar a crise econômica e não podia perder tempo, energia e foco com questões periféricas que drenavam a atenção, os esforços e os recursos do governo. Ademais, os radicais – florianistas, deodoristas e nacionalistas – certamente explorariam a insatisfação popular gerada pelas medidas de austeridade econômica para insuflar revoltas, golpes e levantes visando desestabilizar o governo e derrubar a república liberal e constitucional. Entretanto, os radicais só poderiam se transformar em séria ameaça se conseguissem dividir a base governista e juntar forças com parlamentares e governadores insatisfeitos.

Segundo, Campos Salles tinha de conquistar o apoio do Congresso e dos governadores para criar uma sólida base de apoio político às medidas econômicas nas primeiras semanas do seu mandato. Com a descentralização do poder e a instituição do federalismo, os estados passaram a ter grande relevância política, especialmente em assuntos de natureza econômica. Não era possível promover cortes nos gastos públicos e medidas de austeridade fiscal sem o apoio dos estados. O presidente tinha de aproveitar sua popularidade de início de governo para aprovar seu programa de saneamento das finanças públicas no Congresso e garantir a implementação das medidas nos estados. A celeridade com que Campos Salles concebeu e implementou a política dos governadores foi providencial. Em menos de sessenta dias, o governo conseguiu aprovar no Congresso todas as medidas essenciais do seu plano econômico.

O terceiro objetivo consistia em conciliar a preservação da ordem constitucional e do Estado de Direito durante um período de profundas mudanças na conduta da política econômica. Campos Salles compreendia que o fortalecimento da democracia reside na capacidade de uma nação superar crises respeitando os rituais formais, legais e constitucionais que regem a República. O país tinha de enfrentar mudanças importantes, e seus principais atores políticos – parlamentares e governadores – tinham papel preponderante como legisladores e garantidores do cumprimento das medidas econômicas. O presidente tratava governadores e parlamentares como atores coadjuvantes e corresponsáveis pelo destino da nação. Mas se todos esses objetivos eram tão louváveis e permitiram a Campos Salles sanear a economia e restituir o equilíbrio das finanças públicas, por que a política dos governadores foi tão criticada?

Campos Salles era um estadista pragmático e habilidoso articulador político. Era um governante realista, que mensurava o êxito da sua administração de acordo com a eficácia de suas políticas públicas e a eficiência do seu governo em implementá-las. A política dos governadores garantiu-lhe os votos e o apoio político para implementar as políticas necessárias para sanear a economia. Sua preocupação era com o presente e, como presidente, sua atuação deveria se concentrar na busca de soluções para uma nação à beira da falência, com os cofres públicos vazios e incapaz de honrar suas obrigações financeiras domésticas e internacionais. Para Prudente de Moraes, entretanto, a "política de resultado" não deveria ser o único balizador das ações do governo. A eficácia e a eficiência precisavam estar alinhadas com os princípios constitucionais e com os valores liberais que norteavam as instituições republicanas.

Prudente tornou-se um ácido crítico da política dos governadores. A ideia de flexibilizar a interpretação dos princípios constitucionais para criar governos eficazes e capazes de garantir a paz, a estabilidade política e o desenvolvimento econômico era inaceitável para o ex-presidente. Prudente acreditava que o pacto político concebido por Campos Salles produziria distorções nefastas para a democracia e para as instituições liberais. O presidente deu um cheque em branco aos governadores para controlar o processo eleitoral. Eles teriam poder ilimitado para usar a máquina pública, as verbas do governo e a fraude eleitoral para assegurar o resultado das urnas e garantir a maioria governista no Congresso e nos estados. As assembleias legislativas, controladas pelos governadores, passaram a ser a instância responsável por homologar o resultado das eleições. Esse arranjo transformou os governadores nos garantidores dos votos que Campos Salles precisava no Congresso e nos fiéis executores da política federal nos estados.

Prudente reiterava que esse pacto era trágico para a democracia, pois enfraquecia os partidos políticos, silenciava a oposição e destruía a chance de os adversários do governo conquistarem o poder por meio do voto. Além de dizimar o sistema eleitoral, a política dos governadores debilitou a divisão constitucional entre os poderes Legislativo, Executivo e Judiciário. A preponderância do Executivo sobre os outros dois tornou-se eminente. A política nacional passou a ser formulada e implementada pelo presidente e pelos governadores. Os outros poderes – o Legislativo e o Judiciário – tornaram-se meros coadjuvantes. Para o ex-presidente, a política dos governadores sepultou os princípios liberais da Constituição de 1891 e inaugurou a república oligárquica. Esse era um preço demasiadamente elevado a ser pago para garantir o saneamento das finanças públicas e a eficácia do governo. Campos Salles contestava essas críticas, reiterando que a república liberal idealizada por Prudente de Moraes foi marcada por golpes de estado, inúmeras revoltas regionais e instabilidade política.

A política de Campos Salles começou a dar frutos na segunda metade do mandato. A alta do preço do café no mercado internacional ajudou a impulsionar as exportações brasileiras; a austeridade fiscal e o corte dos gastos colaboraram para o aumento de arrecadação e a geração de superávit orçamentário. Os bancos internacionais restituíram as linhas de crédito do Brasil e os investidores estrangeiros retornaram ao país. Em 1901, a economia voltou a crescer e consolidou definitivamente a política dos governadores. Mas nem a retomada do crescimento foi capaz de atenuar as divergências entre Campos Salles e Prudente de Moraes. A preocupação do primeiro com a eficácia do governo e do segundo com a defesa dos princípios sagrados da democracia liberal desencadeou uma disputa acirrada no estado de São Paulo.

O PRP (Partido Republicano Paulista) estava dividido entre partidários e críticos da política dos governadores. Rodrigues Alves, governador de São Paulo e ex-ministro da Fazenda de Prudente de Moraes, apoiava Campos Salles. O governador argumentava que o mérito da política de Campos Salles foi ter encontrado um meio de unir o Congresso e os estados em torno de uma agenda nacional. Segundo Rodrigues Alves, o Brasil provavelmente não teria sido capaz de sanear a economia e preservar a unidade política do país se não fosse a determinação de Campos Salles de encontrar um meio de atenuar as disputas políticas e as divergências regionais que poderiam colocar em risco a sobrevivência da democracia liberal durante o período difícil de austeridade econômica e de impopularidade do governo. Mas a ala dissidente do PRP, capitaneada por Prudente de Moraes, Cerqueira

César e Júlio de Mesquita (dono do jornal O *Estado de S.Paulo*), contestava a visão do governador paulista.

Os dissidentes do PRP argumentavam que a política de Campos Salles destruíra os princípios liberais e as instituições democráticas. O debate das leis e das propostas do governo no Congresso tornou-se impossível. Aqueles que divergiam da visão oficial eram tachados de antipatrióticos e corriam sério risco de não se eleger nos pleitos seguintes. As eleições passaram a ser controladas de tal forma pelos governadores que, em última instância, eles decidiam quem seriam os eleitos. Os partidos foram aniquilados, pois Campos Salles só aceitava a existência de um partido governista. No fundo, havia apenas duas escolhas: aderir ao governo ou viver à margem do sistema político.

Em 1901, entretanto, os dissidentes paulistas vislumbraram uma terceira via. Campos Salles escolheu Rodrigues Alves para sucedê-lo na presidência da República. O governador seria obrigado a deixar o cargo para concorrer à presidência, abrindo a possibilidade de o PRP lançar um candidato da ala dissidente ao governo do estado. A disputa pela sucessão paulista ilustra bem o funcionamento da política dos governadores. Quando Campos Salles disse a Rodrigues Alves que ele era seu candidato, o governador agradeceu, mas ponderou que seu nome representava duas ameaças políticas. Primeira: o governo de São Paulo poderia passar para as mãos dos dissidentes do PRP, que contavam com a popularidade de Prudente de Moraes, o apoio da imprensa (sobretudo do jornal O *Estado de S.Paulo*) e a simpatia de muitos fazendeiros e empresários insatisfeitos com a política de austeridade econômica do governo. Segunda ameaça: ele não fazia parte do núcleo duro dos republicanos históricos, o que poderia desencadear resistências entre as principais lideranças políticas e militares que suspeitavam das credenciais republicanas de um ex-monarquista. Rodrigues Alves sugeriu ao presidente o nome de Bernardino de Campos, um político paulista, republicano histórico e gestor competente, capaz de dar continuidade à política econômica do governo.

Campos Salles fingiu considerar a sugestão, mas começou a articular com os governadores da Bahia e de Minas Gerais o apoio ao governador paulista. Assim que conseguiu o apoio da maioria dos governadores, Campos Salles comunicou a Rodrigues Alves que seu nome estava lançado e que ele se tornara o candidato do presidente e dos governadores, e que não era mais possível recuar. O governador paulista aceitou a missão após três meses de intensa correspondência com o presidente sobre a questão da sua sucessão em São Paulo. Campos Salles e Rodrigues Alves decidiram lançar Bernardino de Campos para o governo paulista. Esse acordo selava o destino da eleição no estado. Era impossível vencer a máquina governamental por meio do voto. Mas a ala dissidente do PRP decidiu desafiar o governador, lançando o nome de Cerqueira César para a sucessão de Rodrigues Alves.

Prudente de Moraes foi encarregado de comunicar a notícia da candidatura de Cerqueira César ao governador. O diálogo entre o ex-presidente da República e seu ex-ministro foi emblemático. Rodrigues Alves ouve seu amigo e antigo chefe e responde:

– Agradeço-lhe o aviso, mas você vai perder.

– Por que tem essa certeza?

Rodrigues Alves bate com a mão no braço da poltrona:

– Por causa desta cadeira. Eu estou sentado nela; e quem nela se senta não pode ser vencido dentro do estado.[6]

Apesar do entusiasmo momentâneo dos dissidentes com a candidatura de Cerqueira César, das recepções calorosas, dos aplausos nos

---

[6] SILVA, Helio. *História da República brasileira*. São Paulo: Editora Três, 1998. v. 2, p. 106.

comícios e do carinho e respeito que Prudente de Moraes despertava nos paulistas, a máquina governamental era imbatível. O governo venceu facilmente as eleições. Bernardino de Campos elegeu-se governador de São Paulo, e Rodrigues Alves conquistou a presidência da República, obtendo 592 mil votos contra 52 mil votos do seu adversário, Quintino Bocaiúva, e menos de 5 mil votos de Ubaldino Amaral.[7] O recado das urnas era claro; as portas do poder estavam fechadas para a oposição. Para os descontentes e opositores do governo, só restavam duas alternativas para conquistar o poder: revolução ou golpe de estado.

Além da eficácia da política dos governadores em garantir grandes vitórias eleitorais, a popularidade de Campos Salles, o leitor poderia imaginar, foi um fator importante para a eleição do sucessor. Nada mais falso. O presidente deixou o cargo recebendo vaias e gritos de protesto do povo. A política de austeridade rendeu-lhe críticas ao governo e ataques pessoais. Esse é o ônus de presidentes que possuem a coragem e determinação de defender os interesses da nação em detrimento dos aplausos momentâneos. A impopularidade faz parte do esforço dos verdadeiros líderes de gerar desconforto e desafiar seus liderados a enfrentar as mudanças de cultura e de comportamento. O resultado benéfico da política de austeridade foi colhido pelo seu sucessor na presidência da República.

Francisco de Paula Rodrigues Alves assumiu a presidência em 15 de novembro de 1902. Herdou um país onde reinava a ordem política e econômica. Além de imperar o Estado de Direito, as liberdades individuais e a ordem institucional, o Brasil contava com uma situação financeira invejável: gasto público sobre controle, finanças públicas

---

[7] KOIFMAN, Fabio (Org.). *Presidentes do Brasil*. Rio de Janeiro: Universidade Estácio de Sá/ Editora Rio, 2002.

equilibradas, superávit comercial e inflação baixa. A essa combinação, somava-se a eleição de Rodrigues Alves, cuja presidência foi o período áureo da Primeira República.

Rodrigues Alves foi provavelmente o presidente mais bem preparado para governar o país. Possuía vasta experiência política e administrativa no setor público e era um empresário de sucesso. Construiu fortuna com o comércio do café e tinha profundo conhecimento prático do mundo dos negócios – fato raríssimo entre nossos presidentes. Era um representante digno da elite do Segundo Reinado. Estudou no prestigioso Colégio Pedro II e formou-se na Faculdade de Direito de São Paulo, destacando-se como um dos melhores alunos da turma de formandos de 1870. Após os estudos, ingressou na carreira pública e foi promotor em Guaratinguetá. Em seguida, galgou os degraus da vida política: foi parlamentar, presidente de província e conselheiro do Império. Esse último cargo deu-lhe o privilégio de conviver com D. Pedro II e debater os principais assuntos da nação no Conselho de Estado – o verdadeiro epicentro do poder político da monarquia.

Rodrigues Alves continuou a desempenhar papel relevante na política, mesmo após o advento da República, porque sempre soube manter uma distância saudável das intrigas partidárias, dos movimentos sectaristas e das disputas ideológicas. O conhecimento das questões públicas, a habilidade política e a competência administrativa sempre foram empregados para implementar políticas de Estado e para fortalecer as instituições. Assim, evitou a animosidade entre grupos partidários rivais, o que lhe permitiu continuar a servir o país tanto na monarquia como na república. Foi deputado constituinte em 1890, senador e ministro da Fazenda nos governos Floriano Peixoto e Prudente de Moraes e governador de São Paulo.

A aparência de Rodrigues Alves não condizia com sua grandeza política. Com o cavanhaque *démodé* e as roupas fora de moda – "calças de cor pinhão e seu chapeuzinho de coco" – estava mais para vereador de Guaratinguetá do que para presidente do Brasil, segundo o jornal carioca *O Malho*. Outro aspecto explorado pela imprensa era seu sono compulsivo. Cochilava nas reuniões ministeriais, nas solenidades públicas, e não conseguia manter os olhos abertos ao ouvir longos discursos. As sonecas inspiraram caricaturas, modinhas e poemas que divertiam o público e o próprio Rodrigues Alves, que passou a colecioná-las. "Seu jeito bonachão e tolerante rendeu-lhe o apelido carinhoso de o 'Papai Grande lá do Catete'". Mas o presidente bonachão e antiquado foi o líder que promoveu mudanças transformadoras na saúde pública, na política externa, na urbanização do Rio de Janeiro e na melhoria da infraestrutura do país, que permitiram que a economia voltasse a crescer.

Desde o primeiro dia do mandato, Rodrigues Alves sabia o que queria preservar e o que desejava mudar no país. O presidente tinha plena consciência de que era fundamental preservar o bom funcionamento das instituições que herdara de Prudente de Moraes e a rigorosa administração das finanças públicas que havia herdado de Campos Salles. Mas o Brasil tinha de voltar a crescer, e Rodrigues Alves empenhou-se em transformar a solidez das instituições políticas e a boa gestão das finanças públicas nos indutores do crescimento do país. Acreditava que o desenvolvimento da economia era a mola propulsora do progresso material, do desenvolvimento da sociedade e do aprimoramento da civilização. A boa maré da economia mundial e a alta dos preços dos produtos que o Brasil exportava – café, borracha e algodão – ofereciam ótima oportunidade para o governo concentrar os investimentos públicos na melhoria dos portos e das ferrovias e na transformação do Rio de Janeiro numa cidade cosmopolita, capaz de impulsionar o comércio, as exportações, atrair investimentos externos e mão de obra imigrante para trabalhar na expansão da indústria e da lavoura.

O presidente tinha no DNA as características indispensáveis de um estadista: visão clara de prioridades, obsessão pela eficiência da gestão pública, habilidade política de mobilizar a sociedade em torno dos objetivos da nação e a capacidade de institucionalizar as mudanças políticas. O emprego dessas virtudes na formulação e implementação de políticas públicas pode ser retratado na transformação urbanística do Rio de Janeiro durante seu governo. Sua decisão de reurbanizar a capital do país levou-o a ressuscitar a Comissão de Melhoramentos que D. Pedro II criara em 1878 e convocar alguns dos seus ex-integrantes, como o engenheiro Francisco Pereira Passos. Constituída por engenheiros e urbanistas, a comissão foi capitaneada por Pereira Passos, engenheiro especializado em obras de infraestrutura na França e que viveu em Paris durante a profunda reurbanização da cidade durante o reinado de Napoleão III.

Uma das maiores virtudes de Rodrigues Alves era sua capacidade extraordinária de escolher pessoas talentosas para executar os principais projetos e programas do governo. Não havia pessoa mais capacitada para conduzir a reurbanização do Rio de Janeiro do que Pereira Passos. Filho de um rico barão do café e apaixonado por engenharia, Pereira Passos mudou-se para a França, onde teve oportunidade de estudar na prestigiosa École des Ponts et Chaussées. Formado, dedicou-se às grandes obras de infraestrutura, sua grande paixão. Trabalhou na ampliação do porto de Marselha e na construção da estrada de ferro que ligava Paris a Lyon. No Brasil, foi responsável pela construção de ferrovias no Paraná e diretor da Estrada de Ferro Central do Brasil. Porém, uma das experiências mais enriquecedoras para sua futura carreira de prefeito do Rio de Janeiro foi a vivência em Paris no início de 1860, quando a cidade passou por gigantesca revolução urbanística. Nesse período, Napoleão III incumbiu George Haussmann de transformar uma cidade medieval – com suas ruas estreitas e becos – numa metrópole moderna e bem planejada, com seus grandes bulevares, praças e jardins. Da prancheta de Haussmann nasceu a cidade que conhecemos hoje: surgiram as grandes avenidas, os bairros planejados, as praças e edifícios que fazem Paris ser reconhecida como uma das mais belas cidades do mundo.

Em 1902, Pereira Passos foi escolhido pelo presidente da República para assumir a prefeitura do Rio de Janeiro e conduzir o projeto de reurbanização da cidade. Sabia que enfrentaria dificuldades e protestos. No Rio, tratou de atenuar as discussões, os protestos e as manobras políticas que emperrariam o avanço do projeto urbanístico, exigindo a aprovação de medidas de governo antes de assumir a prefeitura. Compreendia que o ápice do seu poder de barganha residia no momento de impor ao presidente da República as condições para aceitar o cargo. Insistiu para que o presidente aprovasse um pacote de medidas draconianas antes da sua posse.

Esse pacote compreendia três providências essenciais. Primeira, blindar o projeto urbanístico da interferência da Câmara Municipal. Segunda, centralizar nas mãos do prefeito o controle absoluto dos recursos e da gestão financeira das verbas empregadas nas obras urbanísticas. Terceira, aprovar um aumento de impostos para financiar as obras públicas. Rodrigues Alves acatou os pedidos. Suspendeu por seis meses o trabalho da Câmara Municipal, permitindo ao prefeito governar por meio de decreto durante esse período. Em seguida, empenhou-se em aprovar no Congresso a lei para desapropriação de imóveis de acordo com os "valores declarados para a cobrança do imposto predial, em geral subestimados pelos proprietários para lesar o fisco". O aumento de impostos e o controle da gestão dos recursos públicos no gabinete do prefeito também foram aprovados.

Essas medidas revelaram o apoio inequívoco do presidente ao prefeito e emitiram sinal claro do comprometimento de Rodrigues Alves com a implementação do projeto urbanístico. Munido de poderes extraordinários e respaldado pelo presidente da República, Pereira Passos imprimiu um ritmo frenético nas obras de reurbanização da cidade. A presteza era importante para evitar que as vozes do descontentamento e do protesto se transformassem em fonte de desgaste político do prefeito e de ataque pessoal ao presidente da República. O Rio de Janeiro transformou-se num canteiro de obras e num campo de batalha. A desapropriação de imóveis, a demolição de cortiços, a remoção de pessoas que viviam perto do porto e o desalojamento de lojas no centro da cidade desencadearam vários confrontos entre a polícia e a população. Pessoas entrincheiradas atacavam a polícia e se recusavam a abandonar suas casas e estabelecimentos. A situação tornou-se dramática, e o número de mortos e feridos nesses confrontos causou enorme constrangimento ao governo. Apesar dos embates, das críticas e dos ataques na imprensa, Pereira Passos continuou perseguindo com afinco seu projeto urbanístico. "A construção da avenida Central, que tinha dois quilômetros e rasgou de mar a mar a cidade, passou a abrigar prédios imponentes como a Escola de Belas Artes, a Biblioteca Nacional, o Supremo Tribunal, o Palácio Monroe e o Teatro Municipal".[8]

A beleza e a modernidade não estavam apenas nas novas avenidas e edificações. Estavam presentes também na expansão da rede de esgoto, no tratamento da água e no fornecimento de energia elétrica que fora estendido a vários bairros por meio de concessões públicas que estimularam várias empresas privadas nacionais e estrangeiras a investir na cidade.

---

[8] D'AVILA, Luiz Felipe. *Os virtuosos*, op. cit., p. 149.

O projeto mais ambicioso foi a modernização do porto do Rio de Janeiro. Rodrigues Alves jamais seria o presidente do crescimento econômico se o porto mais importante do país continuasse a ser um dos nossos maiores gargalos. "A dificuldade dos grandes navios de atracar, a lentidão do embarque e desembarque de mercadorias e a quantidade insuficiente de armazéns" prejudicavam as exportações e estrangulavam o comércio. O ministro da Viação, Lauro Muller, foi um importante aliado de Pereira Passos nesse ambicioso projeto que exigiu "a retificação da linha irregular do litoral, a demolição de fervilhantes quarteirões marítimos e o aterro de numerosas enseadas com o entulho proveniente do arrasamento do morro do Senado". Além da construção de novos armazéns e de um cais capaz de receber grandes embarcações, o porto ganhou em eficiência com a "instalação de guindastes elétricos que fizessem a carga e a descarga" das mercadorias.[9]

Há sempre um hiato entre os transtornos causados pelas obras de infraestrutura de uma cidade e a percepção dos benefícios para a população. Pereira Passos foi um dos maiores e melhores prefeitos do Rio de Janeiro, mas seus feitos ainda não haviam conquistado o reconhecimento dos cariocas quando se iniciou o programa impopular de controle de epidemias liderado pelo sanitarista Oswaldo Cruz. Uma das principais finalidades do projeto de urbanização e do investimento maciço que o governo fez em saneamento básico e na expansão da rede de esgoto consistia em erradicar as epidemias – como febre amarela, dengue, varíola, tuberculose e a peste bubônica – que acometiam o Rio de Janeiro com frequência assustadora.

Responsável pela saúde pública da cidade, Oswaldo Cruz sabia o que tinha de ser feito para erradicar as epidemias. Era preciso tomar

---

[9] Ibid.

três medidas fundamentais. A primeira já havia sido realizada por Pereira Passos: investir em saneamento, tratamento da água e expansão da rede de esgoto. As duas outras consistiam na criação de um programa de vacinação obrigatória para combater a varíola e na implementação de um rígido controle sanitário do mosquito transmissor da febre amarela. Após apresentar essas medidas ao presidente, Oswaldo Cruz escreveu ao ministro da Justiça, José Joaquim Seabra, que a "extinção da febre amarela é um problema que já encontrou uma solução prática: podemos, pois, considerá-la como uma questão resolvida". O diagnóstico de Oswaldo Cruz é típico de um especialista, cujo conhecimento técnico o induz a subestimar o custo político e social de suas medidas. Contudo, o presidente ponderou sobre os riscos políticos que teria de assumir para respaldar a proposta do sanitarista e diretor-geral da Saúde Pública do Rio de Janeiro.

O próprio Rodrigues Alves sofrera as consequências das epidemias, tanto na esfera familiar como na política. Além de perder uma filha, vítima de febre amarela, ele governou a província de São Paulo durante um surto de varíola, em 1888. Ao impor "rigorosas e oportunas providências de isolamento, desinfecção e vacinação", ele teve de enfrentar protestos populares, ataques na imprensa e críticas às medidas duras, porém necessárias. Sua experiência no governo paulista ensinara-lhe que as medidas sanitárias apresentadas por Oswaldo Cruz gerariam descontentamento popular e representariam alto custo político para o governo. Mas Rodrigues Alves tinha profunda convicção de que não havia outro meio de combater as epidemias que assolavam o Rio de Janeiro.

Oswaldo Cruz defendeu insistentemente a tese de que o extermínio da febre amarela e da varíola exigia que ele tivesse plenos poderes para agir e combater os focos da doença. O sanitarista pressentia que a impopularidade das suas medidas levaria o Parlamento a limitar seu poder de atuação, comprometendo o resultado do programa. Rodrigues Alves empenhou-se pessoalmente para aprovar o programa de Oswaldo Cruz no Congresso. A negociação com os parlamentares foi dura e custou ao governo cinco meses de barganha política para aprová-lo no Legislativo. A dificuldade residia na capacidade de persuadir os parlamentares a delegar plenos poderes para o diretor-geral da Saúde Pública agir na cidade. Esses poderes consistiam em nada menos do que criar um exército de sanitaristas que teria autoridade para invadir residências e estabelecimentos para combater o mosquito transmissor da febre amarela e prender pessoas que não reportassem os focos da doença ao inspetor de saúde. No caso da varíola, o governo aprovou uma lei, em 1904, tornando a vacina obrigatória.

A revolta popular contra a vacina revelou a desastrosa combinação de falta de comunicação com a atuação truculenta dos agentes do governo. A incapacidade de explicar a importância da vacina para a população despertou desconfiança e resistência em muitos cariocas. "O povo não sabia exatamente o que aquilo era. Lia e ouvia que a vacina podia causar varíola. Assustado, o povo resistia. O que deveria ser um ato de consentimento esclarecido passava à imposição".[10] À ausência de uma campanha de esclarecimento, adicionou-se a truculência das brigadas de saúde que invadiam lares e estabelecimentos, gerando indignação e revolta na população. Uma semana após a promulgação da Lei da Vacina, os protestos populares transformaram-se numa perigosa revolta. No dia 13 de novembro de 1904, um manifestante disparou um tiro contra um soldado e o conflito alastrou-se pela cidade. Apesar de não feri-lo, a reação da polícia foi imediata. A cavalaria partiu para cima dos revoltosos, que se entrincheiraram em ruas estreitas com a ajuda

---

[10] Ibid., p. 156.

dos comerciantes, que "ofereciam gratuitamente latas de querosene para os manifestantes atearem fogo nos bondes e rolhas que, espalhadas no chão, faziam escorregar os cavalos da força pública", haviam transformado a cidade num campo de batalha.

A revolta da vacina durou uma semana, mas as medidas sanitárias de Oswaldo Cruz continuaram a ser implantadas com rigor e com o apoio do governo. A queda dramática do número de mortes colaborou para diminuir as resistências populares: em 1909, Oswaldo Cruz celebrou o fato de não ter tido nenhum caso de morte de febre amarela na cidade. A erradicação das epidemias e a urbanização do Rio de Janeiro não foram as únicas obras notáveis do governo Rodrigues Alves. O presidente foi responsável por grandes investimentos públicos em portos, ferrovias, saneamento básico e expansão da rede elétrica sem quebrar os cofres do Estado ou gerar inflação, um feito notável que não foi reproduzido por nenhum outro presidente da República.

A experiência de Rodrigues Alves como ministro da Fazenda de Floriano Peixoto e de Prudente de Moraes e suas convicções pessoais de que era preciso zelar pelo equilíbrio orçamentário, pela credibilidade da moeda e pela conversibilidade do câmbio moldaram suas escolhas e decisões na presidência da República. Escolheu como ministro da Fazenda Leopoldo Bulhões, um dos homens mais extraordinários que ocuparam esse cargo. Bulhões teve a visão de transformar a Casa da Moeda numa espécie de Banco Central, que regulava a atividade bancária "dispondo de capital abundante para desconto do papel dos outros bancos, para adiantar aos outros bancos e, finalmente, ampará-los nos momentos de crise"[11]. Bulhões manteve um rígido controle dos gastos públicos, intensificou a fiscalização da arrecadação de impostos, amortizou o pa-

---

[11] SILVA, Helio. *História da República brasileira*. São Paulo: Editora Três, 1998. v. 2, p. 137.

gamento das dívidas públicas e "reduziu a massa de papel-moeda" que circulava no mercado.

O presidente Rodrigues Alves e o ministro Bulhões tiveram coragem de resistir ao assédio dos cafeicultores que mobilizaram os deputados e os senadores para pressionar o governo a desvalorizar o câmbio e adotar medidas protecionistas, como a compra do estoque de café existente para forçar artificialmente a alta do preço do produto. Vários parlamentares usaram a tribuna para atacar a política econômica de Bulhões e criticá-lo por investir em obras de infraestrutura e negar o emprego dos recursos públicos para defender a valorização do café. Apesar dos ataques ao ministro da Fazenda na imprensa e no Parlamento, o presidente da República (que também era cafeicultor) apoiou integralmente a postura e a atuação de Leopoldo Bulhões.

Os governadores dos três estados produtores de café – São Paulo, Rio de Janeiro e Minas Gerais – resolveram enfrentar o governo federal, convocando um encontro na cidade paulista de Taubaté. O objetivo da cúpula dos governadores era traçar uma política de defesa do preço do café que contaria com o apoio e a atuação conjunta dos três estados.

O Convênio de Taubaté fixou preços mínimo e máximo para a saca de café e criou uma sobretaxa por saca exportada. Esse recurso seria usado para constituir um fundo, chamado Caixa de Conversão, para financiar a desvalorização do câmbio. Contudo, a aprovação dessa medida dependia da anuência do presidente da República e do Congresso. A pressão dos governadores dos três estados não demoveu Rodrigues Alves de suas convicções e do rumo da política econômica. A resposta do presidente aos governadores deveria estar gravada numa lápide de mármore:

> É um desacerto pensar que a lavoura do país não pode prosperar sem câmbio baixo. Em toda a parte o problema da moeda é encarado como o de mais delicado funcionamento nos aparelhos da máquina administrativa, e o padrão legal, uma vez estabelecido, só se altera se começa a faltar confiança nos recursos do país. Não é felizmente a nossa situação.[12]

Em outras palavras, um país sério e confiável não brinca com a credibilidade da moeda para defender interesses setoriais. A atitude firme e o veto corajoso de Rodrigues Alves de desvalorizar a moeda desencadearam um movimento dos governadores de São Paulo, do Rio de Janeiro e de Minas Gerais para buscar um candidato à sucessão de Rodrigues Alves que endossasse a política protecionista sacramentada no Convênio de Taubaté. Surgiu então o nome do mineiro Afonso Pena para disputar a presidência da República.

Rodrigues Alves encerrou a era dos presidentes que tratava a economia como um assunto demasiadamente importante para ser conduzido por interesses partidários, ideológicos ou setoriais. A partir da presidência de Afonso Pena, a política econômica deixa de ser tratada como interesse de Estado e passa a ser um instrumento de política partidária. Essa tendência nefasta durou 88 anos e só foi interrompida com a implementação do Plano Real no fim do governo Itamar Franco e com a eleição de Fernando Henrique Cardoso, em 1994.

Não é possível encerrar a presidência de Rodrigues Alves sem mencionar os triunfos da sua política externa. O chanceler era o diplomata mais notável da história do Brasil, o barão do Rio Branco[13]. Quando foi nomeado ministro das Relações Exteriores, o barão do Rio Branco já

---
[12] SOUZA, Raul Alves de, op. cit., p. 125.
[13] D'AVILA, Luiz Felipe. O desafio de tornar a política externa relevante para o Brasil. In: *CLP Papers*, n. 3, jun. 2010.

era um verdadeiro herói da diplomacia brasileira. Em 1893, resolvera pacificamente a disputa do território das Missões com a Argentina. Os dois países resolveram submeter a discórdia territorial à arbitragem do presidente americano Grover Cleveland. Pragmático, estudioso, detalhista e legalista, Rio Branco mergulhou em documentos, tratados, mapas e dados históricos para defender a legitimidade da posse brasileira. A tese bem fundamentada do barão, respaldada em seis volumes de documentos, persuadiu o presidente Cleveland de que o Brasil tinha direito à área em disputa. A vitória diplomática de Rio Branco encerrou uma querela que poderia ter criado sérios confrontos entre Brasil e Argentina. Em 1894, o barão do Rio Branco foi novamente convocado a defender o país no caso da fronteira do Amapá com a Guiana Francesa. França e Brasil resolveram submeter a disputa à arbitragem do governo suíço. O barão, mais uma vez, venceu a disputa. O rio Oiapoque fora aceito como o divisor da fronteira entre a Guiana Francesa e o Brasil.

Ao assumir a chancelaria em 1902, Rio Branco deu seguimento à sua obra de solucionar as questões fronteiriças do Brasil. Firmou tratado com a Bolívia em 1903, definindo as fronteiras do Acre com aquele país. No ano seguinte, o barão sofreu sua primeira e única derrota diplomática. Perdeu a disputa com a Inglaterra na demarcação da fronteira com a Guiana Inglesa. Em 1905, definiu os limites fronteiriços com a Guiana Holandesa. Em seguida, celebrou tratados com a Colômbia (1907), Uruguai (1908) e Peru (1909). A resolução diplomática dos conflitos territoriais sepultou a principal fonte de discórdia entre o Brasil e seus vizinhos. Mas as vitórias diplomáticas não foram coroadas apenas pela competência do barão de arregimentar dados e documentos para ilustrar os argumentos jurídicos e as análises históricas. É preciso visão política, capacidade de mobilizar apoio em torno dos objetivos diplomáticos e habilidade de resolver as disputas entre as nações, sem colocar em risco a estabilidade da ordem internacional.

A diplomacia requer destreza para manter um olho na defesa dos interesses nacionais e o outro na preservação do bom funcionamento do sistema internacional. Enquanto buscava entendimento com países vizinhos sobre a demarcação das nossas fronteiras, Rio Branco procurava estreitar as relações do Brasil com os Estados Unidos. A mudança gradual do eixo da diplomacia brasileira, da Europa para a América, foi impulsionada por interesses políticos, econômicos e regionais. Primeiro, o Brasil necessitava da neutralidade dos Estados Unidos para resolver as disputas fronteiriças com seus vizinhos de forma pacífica. O antagonismo americano poderia gerar dois tipos de intervenção indesejada. Os americanos poderiam insuflar nossos vizinhos a resistir ao "expansionismo territorial" do Brasil ou oferecer apoio militar aos países que se sentissem ameaçados pela ambição brasileira. Alguns países, como a Bolívia, procuraram angariar o apoio americano, mas, ao não encontrar o respaldo diplomático ou militar, esforçaram-se para buscar o entendimento com o Brasil.

Além de apoiar tacitamente a política de Rio Branco de resolver as disputas fronteiriças de forma pacífica, os Estados Unidos tornaram-se o principal parceiro comercial do Brasil. Em 1903, o governo americano reduziu para zero a taxa de importação sobre o café brasileiro e, em 1909, caíram também as tarifas para a borracha e o cacau brasileiro.

A aproximação entre Brasil e Estados Unidos foi coroada com a transformação da repartição diplomática brasileira em Washington em embaixada. Como dissera Joaquim Nabuco, o primeiro embaixador brasileiro em Washington, "o título de embaixada vale uma política". Ao escolher a capital dos Estados Unidos para criar a primeira embaixada brasileira[14], Rio Branco indicara claramente o principal eixo da política externa.

O barão acreditava que a afinidade política e os interesses comerciais entre os dois países serviriam para sedimentar não só o entendimento bilateral como também preservar a paz no continente americano. Brasil e Estados Unidos estavam alinhados em torno dos objetivos prioritários na América Latina. A preservação da paz regional dependia da capacidade de cultivar o entendimento diplomático entre as nações, respeitando-se o princípio de não interferência nos assuntos domésticos, fortalecendo-se os laços comerciais e evitando-se que as potências europeias interviessem nas questões continentais.

Rio Branco desempenhou papel notável na construção da política de Estado que coroou a reputação externa do Brasil. Compreendia que o bom funcionamento da ordem internacional dependia da habilidade de conciliar a defesa dos interesses nacionais com a preservação da ordem e da paz externa. A coerência entre o discurso e as ações do barão revelou a confiança do Brasil nas leis internacionais e seu repúdio ao uso da força e à política intervencionista para resolver as disputas no continente americano. Essa atitude dissipou o temor entre os países vizinhos de que o gigante brasileiro pudesse se tornar uma potência belicosa e expansionista. Na diplomacia, a forma é tão importante quanto o conteúdo.

O barão dedicou-se com afinco ao preparo e à formação do corpo diplomático. Profissionalizou a conduta da política externa, investindo na formação dos diplomatas e preparando-os para defender com objetividade, pragmatismo e civilidade os interesses nacionais. Sua obsessão em transformar nossos diplomatas nos melhores representantes

---

[14] Na Europa, as representações diplomáticas brasileiras não possuíam o título de embaixadas.

dos interesses, da cultura e dos valores brasileiros no exterior estabeleceu um marco inédito na política brasileira: a institucionalização do conceito de excelência na seleção e formação dos nossos diplomatas. O legado do barão é fruto do seu talento de estadista e do apoio político do presidente da República à sua atuação na conduta da política externa.

Em 14 de novembro de 1906 terminou o mandato de um dos melhores presidentes do Brasil. Rodrigues Alves foi um homem guiado por princípios liberais e por um senso de dever público que lhe permitiu servir o país com competência e civismo, tanto na Monarquia como na República. Como estadista, soube definir com clareza suas prioridades de governo e teve coragem de defender os interesses da nação, mesmo quando tais decisões implicavam prejuízos pessoais, geravam descontentamento entre seus aliados e contrariavam os desejos do seu partido e do seu estado. Como homem público, sempre procurou cercar-se de pessoas competentes e brilhantes. O seu ministério era prova disso: José Leopoldo Bulhões, barão do Rio Branco, Lauro Muller e José Joaquim Seabra constituíam um verdadeiro grupo de notáveis. A eles, podem-se somar o talento de Pereira Passos na prefeitura do Rio de Janeiro e o de Oswaldo Cruz na direção da saúde pública.

A presidência de Rodrigues Alves encerra o período da construção da república liberal. Os seus sucessores não tiveram a coragem pessoal, a determinação política, o senso de missão pública e o espírito de estadista que permitiram a Prudente de Moraes desafiar os militares golpistas e enraizar a república legalista e constitucional; que encorajaram Campos Salles a restituir a saúde financeira da nação, e que motivaram Rodrigues Alves a promover grandes transformações na saúde pública, na política externa e na urbanização do Rio de Janeiro, contribuindo para o aumento do comércio externo e para o crescimento da economia. Após a presidência de Rodrigues Alves, a nação acomodou-se. A política econômica passou a ser ditada pelos interesses dos cafeicultores, a ausência de reformas graduais estrangulou o sistema eleitoral, engessando a renovação de lideranças políticas e impedindo a alternância de poder. Em vez de responder aos anseios da sociedade com reformas graduais, os governantes optaram pela repressão e pela decretação do estado de sítio. As insatisfações políticas, econômicas e sociais ressuscitaram a onda de revoltas locais e de rebeliões militares.

Quando a disputa da sucessão do presidente Washington Luís, em 1929, dividiu os estados, os rebeldes encontraram na dissidência da elite política e econômica os aliados de que precisavam para orquestrar um golpe de Estado. O assassinato de João Pessoa, governador da Paraíba e vice-presidente na chapa encabeçada pelo candidato dissidente à presidência da República, Getúlio Vargas, foi o estopim para desencadear a Revolução de 1930.

Getúlio Vargas conquista o poder em outubro de 1930, prometendo sepultar a república oligárquica e instituir a verdadeira democracia no Brasil. A política deixa de ser uma atividade de uma pequena elite e passa a contar com o apoio do povo, que demanda mais voz e direitos. Na era Vargas, surgem as leis trabalhistas e a Justiça do Trabalho. O Brasil se urbaniza e se industrializa. Vargas cria as grandes estatais, como a Petrobrás, a Companhia Siderúrgica Nacional (CSN) e a Vale do Rio Doce. Mas essas conquistas foram obscurecidas por grandes males. Getúlio é o pai do populismo e do autoritarismo do Estado Novo – a primeira ditadura do Brasil (1937-1945). Vargas, apelidado de "o pai dos pobres" por causa de sua defesa dos trabalhadores e dos mais pobres, é também o primeiro ditador do Brasil, responsável por utilizar o poder do Estado para fechar o Congresso, suspender a liberdade de expressão, prender de maneira arbitrária os adversários e opositores do regime.

A era Vargas marcou profundamente a cultura política no Brasil. Ela marca o início do Brasil contemporâneo e suas marcas ainda repercutem até hoje entre nós. Mas esse é um assunto para ser tratado num próximo livro.

Bibliografia

ALONSO, Ângela. *Joaquim Nabuco*. São Paulo: Companhia das Letras, 2007.

BACHA, Edmar. *Belíndia 2.0*. Rio de Janeiro: Civilização Brasileira, 2012.

BARMAN, Roderick. *Citizen Emperor*: Pedro II and the Making of Brazil. Estados Unidos: Stanford University Press, 1999.

BELLO, José Maria. *História da República*. 4. ed. São Paulo: Companhia Editora Nacional, 1958.

BONAVIDES, Paulo. *História constitucional do Brasil*. 3. ed. São Paulo: Paz e Terra, 1991.

HOLANDA, Sergio Buarque de. *História geral da civilização brasileira*. São Paulo: Difusão Editorial, 1977.

CALDEIRA, Jorge (Org.). *Jose Bonifácio de Andrada e Silva*. São Paulo: Editora 34, 2002.

CALDEIRA, Jorge et al. *Viagem pela história do Brasil*. São Paulo: Companhia das Letras, 1997.

CAMARGO, Aspásia et al. *Oswaldo Aranha - A estrela da revolução*. São Paulo: Mandarim, 1996.

CAMPOS SALES, Manuel. *Da propaganda à presidência*. São Paulo: A Editora, 1908.

CARDOSO, Fernando Henrique. *A arte da política* – A história que vivi. Rio de Janeiro: Civilização Brasileira, 2006.

CARONE, Edgard. *A República Velha*. São Paulo: Difusão Editorial. 1978.

CARVALHO, José Murilo. *D. Pedro II*. São Paulo: Companhia das Letras, 2007.

_____. *Bernardo Pereira de Vasconcelos*. São Paulo: Editora 34, 1999.

CASALECCHI, José Ênio. *O Partido Republicano Paulista*. São Paulo: Brasiliense. 1987.

D'AVILA, Luiz Felipe. *As Constituições brasileiras*. São Paulo: Brasiliense, 1993.

_____. *Dona Veridiana*. São Paulo: Girafa, 2004.

_____. *Os virtuosos*. São Paulo: Girafa, 2006.

FAORO, Raymundo. *Os donos do poder*. 3. ed. São Paulo: Globo, 2001.

GUIMARÃES, Ulysses. *Rompendo o cerco*. Rio de Janeiro: Paz e Terra, 1978.

HILTON, Stanley. *Oswaldo Aranha*. Rio de Janeiro: Objetiva, 1994.

GRINBERG, Keila e SALLES, Ricardo. *O Brasil imperial*. Rio de Janeiro: Civilização Brasileira, 2009.

KOIFMAN, Fábio (Org.). *Presidentes do Brasil*. Rio de Janeiro: Universidade Estácio de Sá, 2002. v. 1.

LEONELLI, Domingos e OLIVEIRA, Dante. *Diretas já*: 15 meses que abalaram a ditadura. Rio de Janeiro. Editora Record, 2004.

LIMA, Manuel de Oliveira. *O Império brasileiro*. Brasília: Editora Universidade de Brasília, 1986.

LYRA, Heitor. *História de D.Pedro II*. São Paulo: Editora Universidade de São Paulo, 1977.

ASSIS, Machado de e NABUCO, Joaquim. *Correspondências*. Rio de Janeiro: Topbooks, 2003.

MONTESQUIEU. *Grandeur et decadence des romains*. Paris: Garnier-Flammarion, 1968.

MELHEM, Célia Soibelmann e RUSSO, Sonia Morgenstern (Org.). *Dr. Ulysses, o homem que pensou o Brasil*. São Paulo: Artemeios, 2004.

MORAES, Evaristo. *Da Monarquia para a República*. Brasília: Editora Universidade de Brasília, 1985.

NABUCO, Joaquim. *Minha formação*. Brasília: Editora Universidade de Brasília, 1981.

_____. *Um estadista do Império*. Rio de Janeiro: Topbooks, 1997.

_____. *O abolicionismo*. Petrópolis: Vozes, 2000.

_____. *Diários*. Rio de Janeiro: Bem-te-vi Produções Literárias, 2005.

NYE JR., Joseph. *The powers to lead*. New York: Oxford University Press, 2008.

ORTEGA Y GASSET, José. *A rebelião das massas*. São Paulo: Martins Fontes, 1987.

PEIXOTO, Silveira. *A tormenta que Prudente de Moraes venceu*. São Paulo: Imprensa Oficial do Estado de São Paulo, 1990.

READERS, Georges. *D. Pedro II e o conde de Gobineau*. São Paulo: Companhia Editora Nacional, 1938.

SILVA, Helio. *História da República brasileira*. São Paulo: Editora Três, 1998.

SOUSA, Otávio Tarquino de. *História dos fundadores do Império do Brasil*. Rio de Janeiro: José Olympio Editora, 1957.

Documentos consultados

www.obrabonifacio.com.br/colecao/obra.1200ficha

Atas do Conselho de Estado (anos: 1842-1850; 1850-1857; 1857-1864).

"Carta ao Povo Brasileiro". Estudo de caso do CLP – Centro de Liderança Pública.

"Transição e Democracia: Institucionalizando a passagem do poder". Casa Civil. Presidência da República. Brasília, 2002.

Periódicos, revistas e jornais

CALDAS, Suely. "A Metamorfose que a oposição não viu". Jornal O *Estado de S.Paulo*, 18 de novembro de 2012.

CAMPOS, Roberto. "Encontro na quarta esquina". Jornal O *Estado de S.Paulo*, 25 de outubro de 1992.

NABUCO, Joaquim. "Por que continuo a ser monarquista?". Jornal *Diário do Commercio*. Rio de Janeiro, 7 de setembro de 1890.

Revista *VEJA*. "A Última Chance de Itamar". 23 de maio de 1993.

Revista *VEJA*. Ed. 1361, de 12 de outubro de 1994, p. 65 e 66.

SAFATLE, Claudia. "A mãe de todas as crises". Jornal *Valor Econômico*. Caderno EU&Fim de Semana. 10,11 e 12 de agosto de 2012.